essentials

Essentials liefern aktuelles Wissen in konzentrierter Form. Die Essenz dessen, worauf es als „State-of-the-Art" in der gegenwärtigen Fachdiskussion oder in der Praxis ankommt. *Essentials* informieren schnell, unkompliziert und verständlich

- als Einführung in ein aktuelles Thema aus Ihrem Fachgebiet
- als Einstieg in ein für Sie noch unbekanntes Themenfeld
- als Einblick, um zum Thema mitreden zu können

Die Bücher in elektronischer und gedruckter Form bringen das Fachwissen von Springerautor*innen kompakt zur Darstellung. Sie sind besonders für die Nutzung als eBook auf Tablet-PCs, eBook-Readern und Smartphones geeignet. *Essentials* sind Wissensbausteine aus den Wirtschafts-, Sozial- und Geisteswissenschaften, aus Technik und Naturwissenschaften sowie aus Medizin, Psychologie und Gesundheitsberufen. Von renommierten Autor*innen aller Springer-Verlagsmarken.

Karl-H. Richstein

CISM – Critical Incident Stress Management II
Was hilft beim Umgang mit belastenden Situationen?

Karl-H. Richstein
Villingen, Deutschland

ISSN 2197-6708　　　　　　　ISSN 2197-6716 (electronic)
essentials
ISBN 978-3-662-71387-7　　　ISBN 978-3-662-71388-4 (eBook)
https://doi.org/10.1007/978-3-662-71388-4

Die Deutsche Nationalbibliothek verzeichnet diese Publikation in der Deutschen Nationalbibliografie; detaillierte bibliografische Daten sind im Internet über https://portal.dnb.de abrufbar.

© Der/die Herausgeber bzw. der/die Autor(en), exklusiv lizenziert an Springer-Verlag GmbH, DE, ein Teil von Springer Nature 2025
Sie finden einen weiteren bzw. den ersten Teil zum CISM – Critical Incident Stress Management in der Kurzpublikation (essential) Richstein, CISM – Critical Incident Stress Management, Wie umgehen mit belastenden Situationen?, ISBN: 978-3-662-71157-6

Das Werk einschließlich aller seiner Teile ist urheberrechtlich geschützt. Jede Verwertung, die nicht ausdrücklich vom Urheberrechtsgesetz zugelassen ist, bedarf der vorherigen Zustimmung des Verlags. Das gilt insbesondere für Vervielfältigungen, Bearbeitungen, Übersetzungen, Mikroverfilmungen und die Einspeicherung und Verarbeitung in elektronischen Systemen.
Die Wiedergabe von allgemein beschreibenden Bezeichnungen, Marken, Unternehmensnamen etc. in diesem Werk bedeutet nicht, dass diese frei durch jede Person benutzt werden dürfen. Die Berechtigung zur Benutzung unterliegt, auch ohne gesonderten Hinweis hierzu, den Regeln des Markenrechts. Die Rechte des/der jeweiligen Zeicheninhaber*in sind zu beachten.
Der Verlag, die Autor*innen und die Herausgeber*innen gehen davon aus, dass die Angaben und Informationen in diesem Werk zum Zeitpunkt der Veröffentlichung vollständig und korrekt sind. Weder der Verlag noch die Autor*innen oder die Herausgeber*innen übernehmen, ausdrücklich oder implizit, Gewähr für den Inhalt des Werkes, etwaige Fehler oder Äußerungen. Der Verlag bleibt im Hinblick auf geografische Zuordnungen und Gebietsbezeichnungen in veröffentlichten Karten und Institutionsadressen neutral.

Springer ist ein Imprint der eingetragenen Gesellschaft Springer-Verlag GmbH, DE und ist ein Teil von Springer Nature.
Die Anschrift der Gesellschaft ist: Heidelberger Platz 3, 14197 Berlin, Germany

Wenn Sie dieses Produkt entsorgen, geben Sie das Papier bitte zum Recycling.

Was Sie in diesem *essential* finden können

- Eine kurze Einführung, über was wir überhaupt sprechen: Stress – kritische Vorfälle.
- Beispiele für stressauslösende Situationen im beruflichen Alltag.
- Wie Betroffene von kritischen Zwischenfällen mit dem Erlebten umgehen können.
- Was Firmen und Institutionen an Unterstützung anbieten können.
- Und warum sie es tun sollten.

Competing Interests Der/die Autor*in hat keine für den Inhalt dieses Manuskripts relevanten Interessenkonflikte.

Ethics Approval Der/die Autor*in erklärt dass ihr Manuskript keine Ergebnisse aus Primärforschung mit menschlichen Studienteilnehmenden enthält.

Inhaltsverzeichnis

1 Einleitung 1
  1.1 Einführung 1
  1.2 Persönlicher Zugang 3

2 Ergebnisse aus Fallstudien 5
  2.1 Anlässe zur Beratungsmeldung („*Incidents*") 5
  2.2 Klarheit im CISM-*debriefing*-Gesprächsformat („*Format clarity*") 6
  2.3 Abgrenzung zu anderen Beratungsformaten („*Differentiation*") 6
  2.4 Vereinbarungen („*Setting & contract*") 6
  2.5 Termingestaltung & Limitierung („*Scheduling & limitations*") 7
  2.6 Delegation („*Referral*") 8
  2.7 Kriterien subjektiven Entlastungserlebens („*Session impact*") .. 8
  2.8 Möglichkeit zu („Re-)Framing" & Erklärung („*Attribution*") ... 9
  2.9 Ressourcenaktivierung („*Posttraumatic growth*") 9
  2.10 Bewertung des Kollegen-Aspektes („*Peer aspect*") 9
  2.11 Bedeutung von Vertraulichkeit („Value of *secrecy*") 10
  2.12 Bedeutung der strukturellen Unabhängigkeit des Unterstützungssystems („Meaning of *structural independency*") 10
  2.13 Kommentar zum Medium Telefon („*Telephone communication*") 11

2.14 Ausblick auf noch ausstehende hilfreiche Schritte („Further helpful steps") 12
2.15 Zusammenfassende Bewertung 13

3 Ausblick auf weitere Entwicklungsmöglichkeiten des Debriefings ... 19
3.1 Schulenübergreifende Kooperation („Twin Deescalation") 21
3.2 Rückgewinnung der Kontrolle („Twin Situational Awareness") 23
3.3 Mut zur Delegation („Forwarding and Cooperation") 24
3.4 Sicherheit auch für Wissen („Enterprise knowledge management") 26
3.5 Gender: Anspruch und Chance („Equity and Equality") 27
3.6 Gemeinsame Verantwortung („Bringing forward Perceived Support") 29
3.7 Nicht alles war früher schlecht („Normalisation and Tradition") 31
3.8 Evaluation und Evolution („Development indispensable") 32

4 Fazit 33

Was Sie aus diesem *essential* mitnehmen können 35

Literatur 37

Abbildungsverzeichnis

Abb. 2.1 Adaption Debriefing-Gesprächsstruktur. Darstellung des Autors nach Mitchell (2007) 7

Abb. 3.1 Adaption Debriefing-Gesprächsturktur. Darstellung des Autors nach Mitchell, 2007 22

Einleitung 1

1.1 Einführung

Dieses Buch sieht sich als Fortschreibung des ersten Bandes mit dem Titel „CISM – Critical Incident Stress Management. Wie umgehen mit belastenden Situationen?"[1]. Die dort behandelten Grundlagen: „Was ist eigentlich Stress?", „Wann macht er uns leistungsfähig, wann ist er gesundheitsschädlich?" Was ist ein Post Traumatisches Belastungs Syndrom (PTSD)? Und „Welche Support- und Therapieformen gibt es?" werden hier weiterentwickelt.

In diesem Band soll es also um praktische Umsetzungsoptionen und Erfahrung mit *critical incidents* sowie deren Bewertung und Bewältigung gehen.

Schon bei flüchtigem Hinsehen merken wir, dass es gar nicht so einfach ist zu beschreiben, was wir mit „Stress" überhaupt meinen. Mit Blick in gut einhundert Jahre Stressforschung, wollen wir uns hier der sehr allgemeinen Definition von Joseph Edward McGrath anschließen:

„Stress ist ein das Subjekt überforderndes Geschehen" (McGrath, 1970, 189).

Darin wird einerseits der Wechselwirkung von „objektivem" externem Stressor, wie auch andererseits dem „subjektiven" inneren Bewertungsprozess Rechnung getragen. Und das, ohne die individuell-psychischen Vermittlungsprozessen zu vergessen.

Wichtig aber: Dabei lassen wir alle Aspekte der positiven Seite von „Stress", der inzwischen auch umgangssprachlich als „Eustress" bezeichnet wird, außer Acht.

---

[1] Richstein (2025b) auf der Grundlage von Richstein (2025a).

Ähnlich frag-würdig erscheint der Begriff „kritischer Vorfall". Sicher werden dabei viele an schwerwiegende, potentiell traumatische Ereignisse denken, wie z. B. körperliche (vielleicht sexualisierte) Gewalt, Entführung oder Terror, Krieg sowie Natur- oder durch Menschen verursachte Katastrophen. Vielleicht wollen wir auch Erlebnisse von (Beinahe-)Unfällen, schwere Krankheitsdiagnosen oder andere Verlusterfahrungen etc. mit einschließen? Dann würden auch normal anmutende Situation im Alltag besonders beanspruchter Berufe hinzuzählen: Belastende Erfahrungen von pflegerischem und ärztlichem Personal in Kliniken und Wohneinrichtungen, Sicherheitsdiensten bei Veranstaltungen, Einsatzkräften bei Polizei, Feuerwehren und Rettungsdiensten sowie Pfortenpersonal bei relevanten Institutionen und Personal in Zügen und Flugzeugen etc.

Hier schließen wir uns einer über Jahrzehnte etablierten und durch aktuelle Diagnosemanuale[2] gestützten Definition an:

„Ein kritischer Vorfall ist das Erlebnis der Bedrohung des eigenen Lebens oder das von nahestehenden Personen." (z. B. Everly & Mitchell, 2002: 12). Dabei wollen wir festhalten:

1. Es geht um ein sehr subjektives Kriterium eigener Wahrnehmung und
2. es muss nicht zwingend die *eigene* Person durch eine Gewalttat oder deren Androhung betroffen sein: Als Auslöser eines Belastungsempfindens kann es ausreichen, solches bei anderen Menschen miterlebt zu haben.

Daraus lässt sich schließen, dass es sowohl für Einzelpersonen wie auch für ganze Institutionen von hohem Interesse sein kann, sich um Prävention von Folgeschäden und die Verarbeitung (möglicherweise) belastender Situationen zu kümmern. Als das Mittel der Wahl gilt das Critical Incident Stress Management (CISM), dessen verschiedene Formate im bereits erwähnten ersten Band[3] ausführlich dargestellt worden ist. Nun soll hier nicht der Eindruck erweckt werden, dass es nicht auch *dazu* kontroverse Meinungen gibt.[4] Hier wollen wir aber die „… Anstrengungen auf die Frage richten, welche Intervention für welche Betroffenen zu welchem Zeitpunkt … nützlich sind" (Hausmann, 2010: 246).

---

[2] WHO: ICD 10, F43.0f und DSM V 308.3.
[3] Richstein (2025b).
[4] Sowohl Befürworter postincidenzieller Prophylaxemaßnahmen (Everly & Lating, 2013; tendenziell Beck et al., 2007; Mitchell et al., 2005; Perren-Klingler, 2000a; Bengel & Landji, 1996 u. v. a. m.) wie auch deren Kritiker (u. a. Zoellner & Maercker, 2006; Devilly et al., 2006; van Emmerik et al., 2002; Rose et al., 2001) ziehen Studienergebnisse für ihre jeweiligen Standpunkte heran.

Seit es „Psychotherapie" gibt, existiert die Auseinandersetzung darüber, ob und wie sie wirkt. Das ist in der Forschungsgeschichte zum Umgang mit belastenden Ereignissen nicht anders. Sie hat eine Fülle von Studien hervorgebracht.[5] In der hier vorliegenden Veröffentlichung soll – im Anschluss zweier umfangreicher Studien – darauf geschaut werden, auf welche Unterstützungsformen Zwischenfall-Betroffene zurückgegriffen haben und in welcher Form ihnen CISM-Maßnahmen hilfreich waren.

1.2 Persönlicher Zugang

Seit vielen Jahren besteht ein professionelles Interesse an Fragen zur Bewältigung individuellen Stresserlebens, denen der Autor in unterschiedlichen beruflichen Kontexten in der Rolle des Supervisors, Mediators, Therapeuts und Klinikmitarbeiters in vielfältigen Beratungsformaten begegnet. Während vorausgegangener Studien im Management-Feld (Fröse, 2005) und der Biografieforschung (Fischer, 1978; Richstein, 2009) ergab sich die Herausforderung, Leitung und Führung – und darin auch deren Belastungserleben – aus den verschiedensten Perspektiven biografischer Kontexte zu beleuchten. Seit dreißig Jahren ist der Autor Mitarbeiter der Stiftung Mayday[6], deren Mitarbeiterkreis sich multiprofessionell zusammensetzt und in einem elaborierten Verfahren Piloten, Flugbegleiter und deren Angehörige betreut, die in subjektiv als kritisch oder gar lebensbedrohlich erlebte Situationen geraten sind. Luftfahrtgesellschaften setzen Arbeitsgruppen der Stiftung ein, um ggf. persönliche Notlagen zu lindern, sowie der Entwicklung chronischer Beschwerden und möglicher Fluguntauglichkeit entgegen zu wirken.

---

[5] In den 1960er Jahren ging es noch um „positive Effekte" (Caplan, 1961, 1964), in den 1970er und -80er Jahren wurden Kontrollgruppen-Studien durchgeführt (Bordow & Porritt, 1979), während in den 1990ern vor allem Transferstudien auf verschiedenste Lebens- und Arbeitsbereiche publiziert wurden (z. B. Everly, 1995; Shalev, 1996; Dyregov, 1997; Flannery, 1998).

[6] Die Stiftung Mayday unterstützt in Not geratene Luftfahrer und deren Angehörige. Sie wurde am 7. Dezember 1994 in Frankfurt/M. von Piloten ins Leben gerufen. Die Unterstützung wird materiell und ideell unabhängig von Unfallursache, Schuldfrage oder einer versicherungsrechtlichen Klärung geleistet. Weiteres: http://www.stiftung-mayday.de/.

Ergebnisse aus Fallstudien 2

In diesem Kapitel erfahren Sie:

- Welche Formen von Unterstützunganfragen an Beratungsinstitutionen gestellt werden,
- welche Setting- und Limitierungskriterien von Bedeutung sind und
- welche Kriterien die Unterstützungleistung hilfreich und wirksam machen.

2.1 Anlässe zur Beratungsmeldung (*„Incidents"*)

Viele der Anlässe von Beratungsanfragen bewegen sich objektiv unterhalb der Lebensbedrohlichkeitsschwelle. Die Initiative zur Beratungshotline wird aber dennoch gesucht, weil das subjektive Belastungserleben eine eigene sondierende Prüfung der Ratsuchenden verhindert oder weil diese sich im Graubereich von Bedrohung für das (bisherige) Leben sehen: drohender Arbeitsplatzverlust, unklare Entscheidung in Beziehungsfragen, fragliche berufliche Eignung, relevante Erkrankung, Überlastung durch Erziehungs- oder Pflegeaufgaben etc.

Für individuell Betroffene bedeutet das: Sich möglichst das Ziel eines Beratungsanliegens vor der Anfrage bewusst zu machen. Das ist freilich in der subjektiv als unerträglich erlebten Situation selten möglich. Um so mehr heißt das für Personalentwickler und berufliche Beraterinnen, zunächst Verständnis für das

Anliegen aufzubringen, Delegationsoptionen bereit- und Qualifikationsniveaus hoch zu halten.

2.2 Klarheit im CISM-*debriefing*-Gesprächsformat („*Format clarity*")

„Eingangs- gleich Ausgangsqualität" haben die meisten Projektmanager in Anlehnung an Avedis Donabedian (Donabedian, 1985, 2005) bereits im ersten Semester gelernt. Dies lässt sich ohne weiteres auf ein Unterstützungsangebot übertragen (Eckstaedt, 1995, 2015). Der Erstkontakt muss gleichermaßen Struktur, Fachkompetenz und Empathie vermitteln. Das wird nicht nur durch explizite Äußerung, sondern vor allem „zwischen den Zeilen" geschehen. In den Erstgesprächen geht es erfahrungsgemäß „lediglich" um Themen*rahmen*, vor allem aber um Terminvereinbarungen und erste Erwartungen. Selten wird in diesem Rahmen länger als zehn Minuten miteinander gesprochen. In den hier zugrundegelegten Studienfällen wurde ohne Ausnahme am standardisierten Gesprächsleitfaden entlang gearbeitet. Und nie mehr als fünf Beratungskontakte umgesetzt.

2.3 Abgrenzung zu anderen Beratungsformaten („*Differentiation*")

Allen Gesprächsbeteiligten, Ratsuchenden wie Beratenden, hilft eine klare Gesprächsstruktur (Abb. 2.1).

Nach einer eher rational orientierten Einleitung bewegt sich der Gesprächsformat über eine Faktendarstellung – je nach Gesprächsformat – in zunehmende emotionale Tiefe, um zum Gesprächsende wieder auf kognitiver Höhe „aufzutauchen". Diese Struktur vermittelt Sicherheit, bietet vielfältigen Aspekten Raum zur Äußerung und entläßt die Teilnehmenden nicht ohne praktische Hilfen für die Zeit nach dem Beratungsgespräch.

2.4 Vereinbarungen („*Setting & contract*")

Setting ist in der Beratungslandschaft ein vielfältig verwendeter Begriff für die spezifische Gestaltung der kontextuellen Bedingungen von Beratung und Therapie. Konkret heißt das für die aktuelle CISM-Arbeit: Fixe Rahmenbedingungen

2.5 Termingestaltung & Limitierung ...

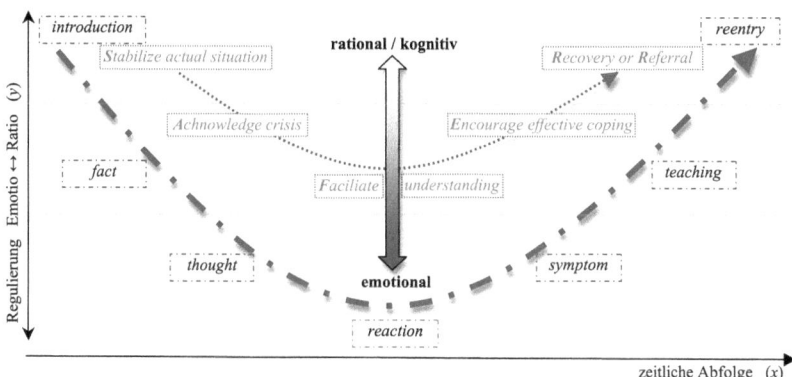

Abb. 2.1 Adaption Debriefing-Gesprächsstruktur. Darstellung des Autors nach Mitchell (2007)

(z. B. ausschließlich Telefonkontakt), Gesprächsdauer nicht über 60 min, höchstmögliches Maß an Vertraulichkeit etc. Dazu gehören ebenso zu vereinbarende Variablen (z. B. Austausch von Kontaktdaten zur Ermöglichung einer Notfallmeldung, Zielvereinbarung, gegebenenfalls Finanzierungsfragen). In der Forschung offenbart die Analyse von Beratungstransskripten eine außergewöhnlich hohe Zuverlässigkeit bei Vereinbarungen und Rollenzuschreibungen.

2.5 Termingestaltung & Limitierung *(„Scheduling & limitations")*

Hauptziel des Kontaktaufnahmegespräches ist für gewöhnlich die Terminierung eines ersten ausführlichen Beratungsgespräches und – nach erster oberflächlicher thematischer Sondierung – die Planung des möglichen weiteren Beratungsverlaufes. Trotz zum Teil erheblichen Leidensdruckes der Ratsuchenden lässt sich eine terminliche Planung nicht nur in fast allen Fällen verwirklichen, sondern auch bemerkenswert konstant durchhalten. Diese deutlich überdurchschnittliche Zuverlässigkeit schlug sich im hier zugrunde gelegten Studienverlauf dahingehend nieder, dass nicht eine einzige Nichteinhaltung während des gesamten Verlaufes über 18 Monate zu verzeichnen war.

2.6 Delegation („Referral")

Ein *referral*, d. h. eine Weitervermittlung in ein anderes Beratungsformat – und standardgemäß – zwingend auch zu einer anderen Beraterpersönlichkeit zur weiteren Bearbeitung der Beratungsthemen erschien bei immerhin 75 % der erforschten Fälle indiziert – und waren im Vergleich zur Alltagserfahrung der Beratungshotline sicherlich unverhältnismäßig hoch. Dabei variierte die Dringlichkeit deutlich – ganz unabhängig von Schweregrad oder Ausprägung der Belastung. Die Zielrichtungen der *referrals* weisen dabei von medizinischen und psychotherapeutischen über anwaltliche und berufsverbandliche bis hin zur Trauer- und weltanschaulichen Begleitung ein breites Spektrum auf.

2.7 Kriterien subjektiven Entlastungserlebens („Session impact")

Die Kriterien subjektiven Entlastungserlebens zeigten sich breit gefächert und umfassen quasi immer sowohl emotionale wie auch rationale und organisatorische Aspekte.

Es ist zunächst naheliegend, dass sich bereits durch die Beratungsaufnahme selbst das Verhältnis des Ratsuchenden zur eigenen Problemlage verändert. Gefühle von aktiver Herangehensweise und Neubewertung schienen in Korrelation zu individuellem Charakter und jeweiliger Berufsgruppenzugehörigkeit zu stehen[1]. Ein *impact* wurde der CISM-Begleitung in Umfragen auch aufgrund rationaler Wirkmechanismen bescheinigt: In Selbstaussagen wurde das eigene Belastungsempfinden als „auf ein neues Reflexionsniveau gehoben" erlebt – infolge dessen die Betroffenen sich selber und ihre Reaktionen besser verstehen konnten.

---

[1] Vgl. Richstein (2009: 44–70, 350 f.): „Obwohl *agency* für alle Individuen als Lebensthema anzunehmen ist, scheint die Hypothese einer „besonderen Gültigkeit" für bestimmte Berufsgruppen angemessen. Möglicherweise bietet das Sicherheitsthema einen Schlüssel zum Verständnis, vielleicht ist über das Sujet der „Führungs-" bzw. „Mobilitätserfahrung" eine Brücke zu schlagen. In jedem Fall scheint sich das Bestreben nach einer erweiterten Selbstbestimmung und Handlungsinitiative sowohl auf individualpsychologischer als auch auf alltagspraktischer Ebene biografisch durchzuziehen." – formuliert in Anlehnung an das *agency*-Konzept Steward Halls (Hall, 1989, 1994).

2.8 Möglichkeit zu („Re-)Framing" & Erklärung („Attribution")

Als zentraler Punkt einer Neubewertung der eigenen Situation zeigte sich die „Normalisierung". Sie ist zunächst als *normal reaction of a normal person to an abnormal situation* Standardattribuierung einer jeden CISM-Begleitung. Gerade durch die Neubewertung der eigenen Situation beschreiben Betroffene eine spürbare Entlastung in Zeiten eigener Verunsicherung.

Darüber hinaus berichten die Ratsuchenden von inneren Auseinandersetzungen und Weiterentwicklungen, die bisher kaum erkennbar waren. Dabei scheinen für sie Fragen zu Sinnerleben und Weltanschauung innerhalb des CISM-*settings* ebenso wahrgenommen worden zu sein wie eine Veränderung im Selbstbild und die Neuordnung von Lebenswerten.

2.9 Ressourcenaktivierung („Posttraumatic growth")

Die in diesem Kapitel zusammengefassten Aspekte „Ressourcenaktivierung" und *posttraumatic growth* stellen zunächst einmal keine Synonymbegriffe dar. In der Bewertung durch die Ratsuchenden jedoch schmilzen die Inhalte zusammen, indem sie sowohl die Nutzung bereits verloren geglaubter Problemlösungsfähigkeiten als auch die Ausschöpfung persönlicher und beruflicher Kraftquellen thematisieren. Dafür sind nicht nur die Entwicklung von persönlichen Krisenbewältigungsstrategien ein Beispiel, sondern auch die realistische Einschätzung von Perspektiven und die Inanspruchnahme von *referrals,* die bisher nicht im Horizont der persönlichen Möglichkeiten gesehen wurden. Besonders beeindruckend wirkt dabei, dass scheinbar schlichte *coping*-Strategien wie z. B. die Aktivierung von freundschaftlichen Kontakten oder die Bewusstwerdung externer Wertschätzung der Ratsuchenden eine außergewöhnlich hohe Bewertung erfahren haben.

2.10 Bewertung des Kollegen-Aspektes („Peer aspect")

Der in der Soziologie verwendete Begriff *peer* für den Angehörigen einer Gruppe mit gleichem Alter oder Status ist durch die Spezifizierung in *peer aspect* auf die hier dargestellten Beratungssituationen zugespitzt worden. Angehöriger der gleichen Berufsgruppe zu sein und gleichzeitig nachgewiesene Fachkenntnisse im Bereich Stressverarbeitung zu haben, wird von Ratsuchenden sehr unterschiedlich bewertet: ca. 38 % der Ratsuchenden stuften die Tatsache, dass die

Beraterpersönlichkeit der gleichen Berufsgruppe angehört, gering ein oder hielten den *peer aspect* für überhaupt nicht kommentierungswürdig. Hingegen bewerteten etwa die Hälfte der Ratsuchenden den Kollegen-Aspekt hoch bis sehr hoch. Ausgehend von diesem ausgewogenen *feedback* sind in der Zukunft explizite Vergewisserungen zum Beziehungsstatus zwischen Ratsuchendem und Berater zu erwarten – und im zeitlich vertretbaren Rahmen – sinnvoll.[2]

2.11 Bedeutung von Vertraulichkeit („Value of *secrecy*")

Im Gegensatz zum *peer aspect* zeigt sich das Thema Vertraulichkeit/ Verschwiegenheit bei 100 % der Gesprächspartner uniform von außergewöhnlich hoher Bedeutung. In 15 % der Fälle wurde die Verlässlichkeit der Verschwiegenheit bereits im Vorfeld der Erstkontaktaufnahme über veröffentlichte Standards thematisiert – manchmal auch überprüft. Damit erscheint sie als vitale Voraussetzung für Aufnahme oder Weiterführung einer Beratung.

2.12 Bedeutung der strukturellen Unabhängigkeit des Unterstützungssystems („Meaning of *structural independency*")

Nicht die Verschwiegenheit, sondern auch auf die fachliche und strukturelle Unabhängigkeit der Beratungsinstitution und -person ist ein wesentliches vertrauensbildendes Kriterium.

Das kontaktierte Unterstützungsangebot soll mit seiner Unabhängigkeit nicht nur Loyalitätskonflikte zwischen Ratsuchendem und Beratendem vermeiden, sondern auch einen fachlichen Standard jenseits aller Arbeitgeber- oder anderer Interessen garantieren. Die Balance zwischen gesicherter (interner) Finanzierung und Feldkompetenz versus unabhängiger (externer) Expertise und Know-how wird unterschiedlich bewertet. Am Arbeitsmarkt existieren durchaus Firmen mit intern organisiertem CISM-System, wenn auch die meisten Institutionen auf externe Unterstützungsangebote setzen. Dies passt zu der bereits im Abschn. 2.11.

---

[2] Vgl. u. a. die Ausführungen unter dem Stichwort „Rapport" bei Revenstorf und Peter (2001).

bezeichneten sehr hohen Bedeutung der Vertraulichkeit, die in einer unabhängig und institutionell getrennten Beratung fachlich fundierte Urteile ermöglichen sollte.

2.13 Kommentar zum Medium Telefon („*Telephone communication*")

„So gesehen hat die Erfindung des Telefons aus psychologisch-biographischer Sicht offenbar auch den Hintergrund, eine fundamentale Erfahrung von Trennung und Vereinsamung kompensatorisch ungeschehen zu machen." So schreiben Jürgen Hesse und Hans Christian Schrader in einem Abschnitt über „das Medium Telefon" im Rekurs auf den Telefonerfinder Philipp Reis.[3] Wie selbstverständlich heißt auch in Zeiten von *face time* und *zoom* Telefonieren: „Sprechen, ohne einander zu sehen". Beratungsgespräche finden nach wie vor hauptsächlich ohne Bildübertragung statt – nicht zuletzt aus datenschutztechnischen Gründen. Damit wird der Kontakt in ein Kommunikationsmedium transferiert, das einerseits große Nähe durch beinahe intime Sprachübermittlung direkt von Mund zu Ohr, andererseits gleichzeitig einen schützenden Abstand physischer Distanz ermöglicht. Neben kommunikationspsychologischen Gründen spielen auch schlicht organisatorische Gründe eine Rolle, wie Erfahrungen z. B. aus Japan zeigen: „[Employees] ... strongly requested ... the telephone approach"; Nakahama verweist dabei auf starke Fluktuation von Dienstzeit und Arbeitsort der entsprechenden Berufsgruppen (Nakahama, 2016: 47).

Möglicherweise bieten diese Rahmenbedingungen bereits die Grundlage für eine breite Zustimmung zum Kontaktmedium Telefon. Eine Erweiterung des Kontaktes in Richtung einer physischen Begegnung wünschten sich dennoch ca. ein Viertel der Ratsuchenden. Alle äußerten eine hohe Zufriedenheit mit dem Kontaktmedium, zum Teil mit ausdrücklichem Verweis auf eine erlebte persönliche Nähe.

---

[3] Johann Philipp Reis (*07.01.1834; †14.01.1874) dt. Physiker und Erfinder. Durch die Entwicklung des ersten funktionierenden Gerätes zur Übertragung von Tönen über elektrische Leitungen gilt er als zentraler Wegbereiter des Telefons. Im Zuge dieser Entwicklung erfand Reis auch das Kontaktmikrophon und gab seinem Apparat 1861 den Namen *Telephon* der sich später international durchsetzen konnte. Reis wurde bereits in seinem zehnten Lebensjahr Vollwaise. Hesse & Schrader führen Reis´ Erfindung psychologisch auf ein Kompensationsbedürfnis zu Kommunikationdefiziten in seiner Jugendzeit zurück. Hesse und Schrader (1998: 172 ff.); https://de.wikipedia.org/wiki/Philipp_Reis, 01.02.2025.

Allgemein: Wahrscheinlich gerade die Nähe-Distanz-Balance des Mediums Telefon scheint besonders gute *setting*-Voraussetzungen für gelungene Beratungskontakte zu bieten.

2.14 Ausblick auf noch ausstehende hilfreiche Schritte („Further helpful steps")

Der „Ausblick auf noch ausstehende hilfreiche Schritte" kann einerseits den Blick darauf richten, wie „vollständig" oder „gründlich" eine Unterstützungsleistung war und andererseits als mittelbares Kriterium für die Zufriedenheit des oder der Ratsuchenden gewertet werden.

Mit Blick auf die in den Studien analysierten Beratungskontakte wurden in ausnahmslos allen Abschlusssequenzen „offene Themen" und „weiteres Vorgehen" besprochen. Ein wesentliches Element eines fachlich adäquaten Beratungsstandards ist (bei Indikationslage) selbstverständlich die Delegation an qualifizierte Beratungsinstitutionen. Es zeigt sich bisweilen ein weites Spektrum an angestrebten Weiterführungen. Hier gab es sowohl den Wunsch, die Seite vom Ratsuchenden zum Beratenden zu wechseln[4] wie auch die Nachfrage nach einer Laufbahnberatung. In der Hälfte der aller CISM-Gespräche wurde der Wunsch zur Möglichkeit der Wiederaufnahme des bestehenden Beratungskontaktes explizit geäußert.

Dahinter können verschiedenste Motivationen vermutet werden. Mit Phänomenen schwer abzuschließender Kontakte haben sich viele Therapie- und Beratungssequenzen auch weit außerhalb des hier dargestellten Rahmens zu beschäftigen. Einerseits könnten in Auftrag gegebene Themen nicht abgeschlossen sein, andererseits erreichte Ergebnisse nicht zufrieden stellen. Psychodynamisch könnten Vermeidungsreaktionen auf den Abschiedsprozess vermutet werden oder eine „inszenierte" – positive wie negative – Bewertung der Beratung insgesamt. Auch Regressionswünsche, sich in schwieriger oder chaotischer Lebenssituation weiterhin im Beratungssetting sicher und versorgt zu wissen, sind vielfach diskutiert worden.[5]

---

[4] I.e. „Mögliche eigene Mitarbeit als Berater."
[5] Insbes. könnte hier das Regressionsangebot im Blick des Beraters an die Gesprächsteilnehmenden sein, sei es allgemein durch das Setting der Beratung, sei es durch individuelle Interaktion, vgl. Zimbardo (1983: 361–364), Balint (1959, 1999: 49–84), auch Freud (1997).

2.15 Zusammenfassende Bewertung

> Was Sie in diesem *Kapitel* erfahren:
>
> - Ergebnisse zu einer Umfragestudie mit 568 Teilnehmenden,
> - die wesentliche Parameter des Critical Incident Stress Management (CISM) identifiziert,
> - die Aussagen über die Akzeptanz & Erfahrung mit CISM prüft,
> - die Antworten zu persönlichen und strukturellen Resilienzen der Befragten eruiert, wie z. B.
>   - Firmenkultur & Arbeitsklima,
>   - Gender/Geschlechterzuschreibung,
>   - Verhältnis von Arbeits- zu Privatleben,
>   - CISM in firmeninterner Öffentlichkeit & Peerausbildung,
>   - Identität von Nationalität und beruflicher Grundausbildung,
>   - Verantwortungszuschreibung für effektive & gesundheitserhaltende Arbeitsbedingungen.

Zur Erhebung der Daten wurde eigens ein Fragebogen konstruiert. Mit „Fragebogen" ist allerdings nicht ein „Bogen mit Fragen" gemeint, die mehr oder weniger willkürlich gesammelt wurden. „Fragebogen" meint hier ein wissenschaftlich fundiertes Instrument zur Datenerhebung, das bestimmten Standards entspricht. Diese sollen z. B. die Ergebnisse von den Personen des Auswertungsteams so unabhängig wie möglich machen („Objektivität"), bei späterer Wiederholung ein möglichst identisches Ergebnis erzielen („Reliabilität"), mit der Frageformulierung auch tatsächlich genau das Forschungsinteresse treffen („Validität") und sich schließlich mit anderen Umfrageergebnissen vergleichen lassen („Normierung").[6] Darüber hinaus müssen die Fragen verständlich und der Bearbeitungsaufwand für die Befragten zumutbar sein.[7] Auf dieser Grundlage entstand ein „*Factors of CISM Questionnaire* (FACIQ)" getaufter Fragebogen, dessen Ergebnisse nach Beantwortung von 568 Teilnehmenden aufschlussreich sind

---

[6] Vgl.z. B. Kallus (2010).
[7] Zur ersten Orientierung: https://home.uni-leipzig.de/methodenportal/fragebogenkonstruktion/, Abruf 02.02.2025.

und detailliert veröffentlicht wurden (Richstein, 2025a: 181–286)[8]. Im Folgenden werden die Ergebnisse nach Fragestellungen sortiert aufgeführt. Aus methodischen Gründen heißen statistisch validierte Themenbereiche *subtest* (01–04), nicht validierte *threat* (05–08). Um eine zahlenlastige Auswertung zu vermeiden, sind die Befragungsergebnisse unter der *subtest-/thread-*Überschrift schlagwortartig und pointiert zusammengefasst:

Subtest 01: Wissen *(„knowledge about CISM")*
„Die befragten Mitarbeitenden sind zwar über die Tatsache und Zielrichtung des CISM-Angebotes gut informiert, nicht jedoch über dessen Zielgruppe und fachliche Leistungsfähigkeit".

Subtest 02: Zutrauen in Qualität *(„confidence in competence")*
„Mitarbeitende erleben sich häufig in einer singulären Berufssituation, weshalb sie sich im Krisenfalle hauptsächlich von internem Personal verstanden fühlen."

Subtest 03: Verschwiegenheit *(„confidentiality of information")*
„Mitarbeitende messen der Vertraulichkeit des Beratungskontaktes höchste Bedeutung bei: Zustimmende Bewertungen sowie entsprechende Vertraulichkeitszuschreibungen auf das CISM-*team* bewegen sich in den Umfragen bei 80 %."

Subtest 04: Empfehlung an Dritte *(„recommendation to concerned")*
„Wer CISM kennt wird das Beratungssystem an Kollegen, die von einem *incident* betroffen sind, weiterempfehlen – und zwar sowohl aus Kompetenz- wie auch aus Vertraulichkeitsgründen."

Thread 05: Kontaktpersonen *(„points of contact")*
„Alle Menschen, also auch alle Arbeitnehmer verfügen auch ohne institutionelle *Support-*Angebote über Strategien und Netzwerke zur Resilienzaktivierung. Diese Ressource ist – abhängig von Belastungssituation und persönlicher Disposition sehr unterschiedlich vorhanden. Betroffene greifen (zu ca. 90 %) zunächst auf ihre privaten Kontakte (Familienangehörige, Freundinnen, befreundete Kollegen) zurück, bevor sie zu psychosozialen Fachkräften (aus Psychologie oder Medizin)

---

[8] Durch die Organisation der Fragebogenerhebung und höchste Bewertung von Anonymität und Transparenz (Abschn. 2.11) konnte ein Rücklauf des FACIQ von außergewöhnlichen 98.59 % erreicht werden. Das Durchschnittsalter bewegte sich mit ca. 45 Jahren (♂ = 45,37, ♀ = 40,12) etwa im europäischen Mittelwert aller Arbeitnehmenden (Statistisches Bundesamt, 2015). In Gesamt-, wie auch erster Teil- und Kreuzvalidierungsstichprobe fiel ein bei ≈5 % liegender Frauenanteil der zugrunde gelegten Stichprobe (♀ = 14,2 %; ♂ = 85,8 %) und eine hohe Varianz nationaler Zugehörigkeit auf (35,4 % Skandinavien & Britische Inseln; 50,2 % Mitteleuropa; 12,7 % Südeuropa, 1,7 % Andere).

2.15 Zusammenfassende Bewertung

Kontakt aufnehmen würden (zu ca. 20 %). Die Mischform der *CISMteam*-Mitarbeitenden, gleichzeitig fachlich qualifiziert und dennoch Kollege *(peer)* zu sein, sorgt für höhere Akzeptanz (ca. 50 %) bei Arbeitnehmern.

Insgesamt scheinen organisationale Aspekt der Hilfesystemimplementierung für die Befragten eine deutlich geringere Rolle zu spielen, beziehungsorientierte Auswahlkriterien jedoch eine unerwartet hohe."

Thread 06: Kontrollerleben & Bedeutung von Gefühlen („sense of self-control & relevance of emotions")
„Nicht nur der Arbeitsprozesses an sich, sondern auch Erfahrungen des Kontrollverlustes werden als Ursachen für eine Beeinträchtigung *post incident* erlebt. Dies überrascht, weil gleichzeitig zwei Drittel der Antwortenden ihre Biografie nicht als Ergebnis von Zufallskonstellationen sondern vielmehr ihrer persönlichen Leistung zuschreiben[9]. Ebenso zwei Drittel der Antwortenden sehen ihr Verhältnis zum Arbeitgeber gerade nicht ausschließlich funktional: Emotionen *sollen* im Arbeitsverhältnis einen festen Platz haben.

CISM-Erfahrene sehen darin eine adäquate Möglichkeit der Verknüpfung von persönlich-emotionalen und strukturell-beruflichen Elementen."

Thread 07: Resilienzfaktoren („subjective feeling for resilience")
„Der Begriff «Resilienz» erfreut sich in den vergangenen Jahren so großer Beliebtheit, dass schon alleine seine Verwendung sich bereits dem Trivialitätsverdacht aussetzt. Die in vielfachen Wissenschaftszweigen[10] übernommene Bedeutung der Widerstandsfähigkeit gegen äußere und innere Funktionseinschränkungen lässt sich auf die Situation eines *critical incident*-Erlebens und der bisweilen dadurch bedrohten Leistungsfähigkeit der betroffenen Person leicht übertragen."

Folgende Faktoren werden von MitarbeiterInnen als „resilienzfördernd" eingestuft:

---

[9] Hierzu gibt es höchst interessante Studien. Ursprünglich von Trompenaars und Hampden-Turner (1997, 2003), die nun durch Richstein (2025a) (232–238) erweitert wurden.
[10] Aus dem lat. resilire (= „zurückprallen", „abspringen") entwickelte sich zunächst in Material- und Ingenieurwissenschaften, später auch in Medizin, Soziologie, Psychologie und Rechtswissenschaften ein Begriff, der die Fähigkeit beschreibt, nach Irritation selbstregulativ in hoher Eigenelastizität zum ursprünglichen stabilen Ausgangszustand zurückzukehren.

Resilienzfaktor 1: Nationale Identität/*national Identity*
„Insgesamt können nur ca. 12 % der Befragten ihre nationale Identifikation und Zugehörigkeit überhaupt mit dem Thema «Stresssensibilität» oder «Ansprechbarkeit für CISM» in Verbindung bringen. Über die Hälfte aller Befragten (≈53 %) sehen überhaupt keinen Zusammenhang."

Resilienzfaktor 2: Firmenkultur *(„company culture & environment")*
„Generell wird das subjektiv erlebte Arbeitsmilieu als förderlich zur Inanspruchnahme des CISM-Angebotes eingestuft.[11] Dabei spielt eine wertschätzende und nichtbestrafende Fehlerkultur eine zentrale Rolle."

Resilienzfaktor 3: Wahrgenommene Unterstützung *(„perceived support")*
Hierbei handelt es sich um ein interessantes Phänomen, das in der Mitte der 1980er Jahre intensiv erforscht wurde: Eine angebotene Unterstützung hilft auch dann, wenn es tatsächlich gar nicht in Anspruch genommen wurde![12] Allein die Wahrnehmung (engl. *„perceive"* = „registrieren") sorgt für eine Entlastung, weil für den Fall weiterer Eskalation die Hilfe leicht erreichbar ist. „Etwa zwei Drittel der Mitarbeiter (≈ 70 %) bewerten die Bereitstellung eines Unterstützungssystems wesentlich als «Sicherheitskriterium» *(safety issue)*".

Resilienzfaktor 4: Berufliche Grundausbildung *(„initial training")*
„Ausgehend vom *diversity*-Modell nach Loden/Rosner[13] zeigt ein Blick auf die berufliche Sozialisation der Ratsuchenden eine Selbsteinschätzung, die ihre eigene Stressresilienz unabhängig von tendenziell handwerklich oder intellektuell geprägten Grundausbildungen sehen. Die einzige Ausnahme machen militärisch ausgebildete Männer, die sich selbst als stressresistenter einschätzen als ihre zivil grundausgebildeten Kollegen."

Thread 08: Geschlechterrollenzuschreibung *(„gender")*
„Bis in die aktuellste Zeit hinein zeugen nicht nur ein Frauenanteil von lediglich ≤ 5 % an [… steuerungstechnisch relevanten … d.Verf.] Arbeitsplätzen, sondern auch die Festellung fortbestehender Segregationsmechanismen unter

---

[11] Die Zustimmung zu dieser Korrelation liegt bei ca. 75 %.
[12] So gilt, dass die von einem *critical incident* Betroffenen wahrgenommene Unterstützung wichtiger ist als eine tatsächlich erhaltene Unterstützungleistung. Dies wurde vor allem unter dem Aspekt beleuchtet, wie ein Individuum eine belastende Situation in seinem Leben bewertet oder einordnet (vgl. Kessler, 1986).
[13] Vgl. Loden und Rosner (1991).

2.15 Zusammenfassende Bewertung

Aufrechterhaltung eines Narrativs vordergründiger Gleichbehandlung[14] von unzureichend umgesetzter Geschlechtergerechtigkeit. Dies gilt auch für den Zugang zu *coping-support* nach einem Zwischenfall: Ca. 50 % der weiblichen Arbeitnehmerinnen und 38 % der männlichen Arbeitnehmer glauben grundsätzlich an einen leichteren Zugang für Frauen und an einen schwierigeren für Männer. Die „potenzierte Form eingelagerter Männlichkeitszuweisung" (Eccard, 2004: 272) muss leider tendenziell aus dem Blick der CISM-Erfahrung bestätigt werden."

Die Eindeutigkeit der Ergebnisse kann gleichermaßen als klares Votum für eine qualitätsorientierte und -geprüfte kollegiale Unterstützung als auch für die Bereitstellung eines CISM-Unterstützungssystems durch den jeweiligen Arbeitgeber gewertet werden.

> Was Sie in diesem *Kapitel* erfahren:
>
> - Hinweise zu Implementierung, Anwendung & Evaluation eines CISM-Systems in einer Organisation.
> - Überlegungen zu fächerübergreifender Kooperation.
> - Studienergebnisse zu angemessener Balance zwischen Feldnähe & -distanz, Entwicklungsfreiheit & Steuerungsimpulsen, sowie Positionierung in der Genderthematik durch das Management.
> - Erfahrungen zu *support*-Angeboten sowie ihren internen & externen Wirkmechanismen.
> - Erkenntnisse zu wechselseitigem Wissenstransfer zwischen Organisation(sleitung) und individuellem Mitarbeiter.

---

[14] Als Beispiel mögen hier weibliche Pilotinnen gelten, die zunächst beschreiben, „dass in den beruflichen Strukturen und Bedingungen … eine geschlechtliche Neutralität und Universalität" vorherrsche, die sie anschließend jedoch mit vielerlei Beispielen widerlegen (Eccard, 2004: 259).

3 Ausblick auf weitere Entwicklungsmöglichkeiten des Debriefings

„Das CISM-Debriefing wird unterschätzt".
Eine solche Bewertung kann aufgrund sowohl von wissenschaftlichen Einzelfallanalysen als auch aufgrund von Fragebogenstudien wegen seiner psychosozialen-, qualitätssichernden- und lernprozess-vertiefenden Qualität getroffen werden. Dennoch wird man nach intensiver Auseinandersetzung ergänzen müssen, dass ein „Debriefing" eines in den Abschn. 2.2 bis 2.15 diskutierten Settings bedarf, um seine volle Wirkung entfalten zu können.

Natürlich werden von unternehmerischer Seite sowohl reflexartig wie auch berechtigterweise Fragen nach der Relation von Investitionsaufwand und Ertrag gestellt.

Die bekannte Schwierigkeit des Transfers von *soft skills & facts* in mathematische Sprache erfährt ihre Neuauflage auch in diesem Themensektor[1]. Es sei erlaubt – bei allem Verständnis für betriebswirtschaftliche Notwendigkeiten – an dieser Stelle den Rationalitätsmythos infrage zu stellen, der eine „ … dauerhaft machbare, verlässliche Ordnung [unterstellt] …" und in einer „auffälligen Betonung von Rationalität … das Abgewehrte [verrät]: Es sollen nicht sein: Un-Ordnung, Un-Wissen, Un-Sicherheit … [und] Un-Bewusstheit … . Der Antagonist [ohne den Beweglichkeit gar nicht möglich wäre]" wird verleugnet. Interessant ist dabei, dass in den vergangenen Jahrzehnten „ … emotionale Intelligenz (!),

---

[1] Vgl. Jung (2006: 571), unter dem Aspekt Arbeitnehmergesundheit: 627.

soft skills ... usw. ..." zunehmend diskutiert werden.[2] Dabei ist eine „interessante Verschiebung festzustellen: Nicht mehr die Führungskraft ist das «rationale Subjekt», sondern die Institution ist es, die sich durch rationale ... Verfahren als Supersubjekt setzt. Führungskräfte haben dann (nur noch) die Funktion, Lücken oder Scheitern rationaler Steuerung zu kompensieren" (Neuberger, 2002: 102 f.). Auch die Implementierung oder Kooperation mit einem CISM-Anbieter kann in diesem Licht gesehen und bewertet werden.

Interessant wäre infolgedessen die Frage, wie der genannte Mechanismus seinen betriebswirtschaftlichen oder auch buchalterischen Ausdruck finden sollte.

Über all diese organisationstheoretische Überlegungen hinaus, kann aber auch ganz pragmatisch-rechnerisch belegt werden, dass – selbst unter konventioneller Annahme von 16 % *incident*-Betroffenen im Arbeitsprozess, deren Stresssymptome wesentlich gemildert werden können[3] und 3,9 % der Betroffenen, bei denen eine PTSD-Entwicklung durch eine CISM-Intervention abgewendet werden kann[4]. Nach den Erfahrungen der vergangenen 25 Jahre liegen die Investitionskosten[5] bei etwas weniger als einem Fünftel dessen, was als Therapiekosten für Betroffene veranschlagt werden müsste[6]. Wie beschrieben, soll allerdings der Rationalitätsmythos an dieser Stelle nicht weiter gepflegt werden, die Kosten-Nutzen-Relationen sollen lediglich aufzeigen, dass der *benefit* einer CISM-Implementierung auch in betriebswirtschaftlicher Sprache ausgedrückt werden kann.

---

[2] Zitiert nach Neuberger (2002: 103). Auch die kontrapunktische Bewegung des „Schön Scheiterns" der Jahre nach 2014 kann zu dieser Dynamik hinzugerechnet werden; vgl. Scheitern (Hannemann & Nägele, 2014), Schönes Scheitern (Häntzschel & Fengel, 2015); „Schöner Stress" (Glomp, 2015) etc. Zur Formulierung der „Emotionalen Intelligenz" vgl. Goleman (2007) in Anlehnung an die Definition von Mayer, John D. & Salovey, Peter aus dem Jahre 1990.

[3] Sodass eine Alltags- und Arbeitstauglichkeit aus eigener Kraft (wieder) erreicht werden kann.

[4] Studien gehen dabei von 80 % Betroffene ohne nennenswerte psychologische Reaktionen auch ohne externe Unterstützung aus, und von 16 % *incident*-Betroffene deren Stressreaktionen mittels CISM substanziell reduziert werden können und 3,9 % Betroffene, deren sich anbahnende PTSD durch eine CISM-Intervention abgewendet werden kann.

[5] Aus bisherigen Erfahrungswerten veranschlagt: Gesamtkosten für Aufbau und aktivem Unterhalt eines CISM-Systems z. B. allein für den Luftfahrtsektor der Bundesrepublik Deutschland im Zeitraum von 10 Jahren: €485.000,-: Fixkosten €145.000,- + Trainingskosten €100.000,- + fallspezifische Kosten €145.000,- + Konferenzkosten €80.000,-.

[6] Gesamtersparnis für dieselbe Zielgruppe im selben Zeitraum: ca. €1.700.000,-: Kurzzeiterkrankungen: €846.000,- + Langzeiterkrankungen €1.800.000,-.

3.1 Schulenübergreifende Kooperation („Twin Deescalation")

Wie in vielen anderen Bereichen hat sich in den vergangenen Jahrzehnten ein diversifizierter Markt an Organisationen und „Schulen" gebildet (vgl. auch Butollo, Hagl, & Krüsmann, 2003: 172f), der nicht selten konkurrenzhafte z. T. groteske lokale oder idiomatische Züge trägt. Mit Blick auf die Ergebnisse der hier vorgelegten Studie sind nicht nur Wirkmechanismen aufgrund der ICISF-standardisierten *debriefing*-Durchführungen erkennbar, es ist auch abzuschätzen, dass vergleichbare Vorgehensweisen vergleichbare Ergebnisse zeitigen. Dabei sind methodenübergreifende Variablen wie Persönlichkeit des Debriefers, Durchführungszeitpunkt einer Debriefingmaßnahme, subjektives Belastungserleben des Betroffenen und die biografische Vorgeschichte etc. noch in keiner Weise berücksichtigt.

Insofern soll an dieser Stelle ein Plädoyer für eine Art „Meta-Deeskalation" gehalten werden: Entspannung nicht nur als substanzielle Aufgabe mit Blick auf belastete Betroffene sondern Entspannung auch mit Blick auf institutionelle Rivalitäten! Eine Weiterentwicklung erscheint beschleunigt möglich durch eine Deeskalation im „Schulen-Denken". Auch modifizierte Debriefing-Moderationsformen haben Sinn und Wirkung und sind erfolgversprechend.

Die auf der folgenden Seite dargestellte Synopse veranschaulicht die strukturelle Ähnlichkeit vieler etablierter Debriefingformen. Sie ist – ausgehend von der diesem Buch zugrundegelegten Methode nach Mitchell/Everly von unten nach oben zu lesen: Die Basis bildet die Gliederung in sieben Stufen zunächst ab- dann aufsteigender emotionaler Tiefung[7]. Die darüber placierte Tabelle nimmt die Gliederung in ICISF-Standardisierung (*introduction* bis *reentry*) in tabellarischer Form auf und zeigt nach oben ansteigend die Entsprechungen und jeweils abweichenden Akzentuierungen alternativer Gliederungsformen. Die Synopse macht deutlich, dass (mit Ausnahme des HERD-Programms der israelischen Armee[8]) sich alle Debriefing-Gliederungen an ähnliche Ordnungsschemata halten, die auch in ihrer emotionalen Führung vergleichbar sind. Dabei findet sich kaum eine Form, die nicht auch einer wissenschaftlichen Evaluation unterzogen wurde[9] nachdem sie bereits praktische Relevanz in der Begleitung *incident*-Betroffener erlangt hatte (Abb. 3.1).

---

[7] Erkennbar am hyperbelförmigen Verlauf der Gesprächsdarstellung „Regulierung Emotio ↔ Ratio. Bereits dargestellt und diskutiert im Abschn. 2.3 unter dem Stichwort „Differentiation".

[8] Vgl. Shalev (1996) am Beispiel des „Man in combat"-Projektes infolge des Libanonkrieges Anfang der 1990er Jahre.

[9] Nachweise vgl. Jeweils a. a. O.

3 Ausblick auf weitere Entwicklungsmöglichkeiten des Debriefings

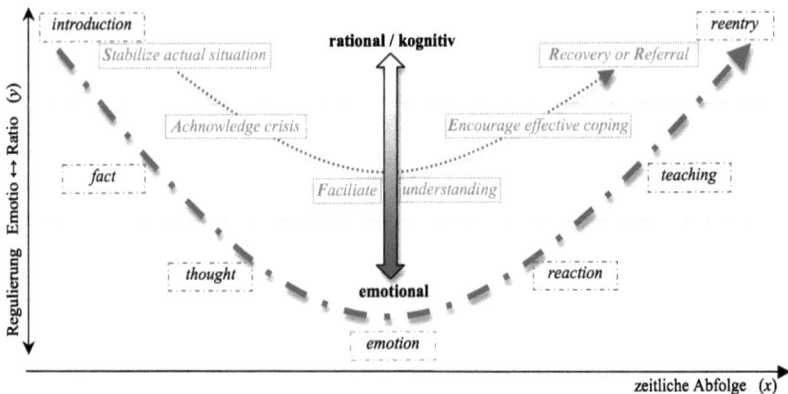

Abb. 3.1 Adaption Debriefing-Gesprächssturktur. Darstellung des Autors nach Mitchell, 2007

Systematics/classification	Step 1	Step 2	Step 3	Step 4	Step 5	Step 6	Step 7	Step 7a	Step 8
Psychological Debriefing[10] (PD)	Introduction	Fact	Thought	Sensory	./.	Normalization	Closure	./.	Follow-up Debriefing
Preventive Intervention[11] (PI)	Contract	Fact	Thought	Emotion	./.	Information	Rituals	Reentry	./.
Group Crisis Intervention (GCI; NOVA[12])	Introduction	Event	Aftermath	./.	Expectations in Future	Education	Conclusion	./.	./.
Multi Stressor Debriefing[13] (MSD)	Welcome	Event	./.	Feelings and	Reactions	Coping	Termination	./.	./.

(Fortsetzung)

---

[10] Vgl. Dyregrov (2003).
[11] Vgl. Perren-Klingler (2000b).
[12] National Organisation for Victim Assistance, https://www.trynova.org .
[13] Vgl. Armstrong et al. (1991).

(Fortsetzung)

Systematics/classification	Step 1	Step 2	Step 3	Step 4	Step 5	Step 6	Step 7	Step 7a	Step 8
Critical Event Debriefing[14] (CED; USMil[15])	Introduction	Chronological Reconstruction	./.	Symptoms and	Reactions	Teaching	Wrap-up	./.	./.
Historical Event Reconstruction Debriefing[16] (HERD; IDF[17])	Introduction	Chronological Reconstruction	./.	./.	./.	./.	./.	./.	Publishing
Critical Incident Stress Debriefing (CISM/CISD[18])	*Introduction*	*Fact*	*Thought*	*Emotion*	*Reaction*	*Teaching*	*Reentry*	./.	Follow-up

3.2 Rückgewinnung der Kontrolle („Twin Situational Awareness")

In einer Situation angemessen handeln zu können, hängt wesentlich von einer adäquaten Wahrnehmung ab. *Situational awareness* ist ein in der Luftfahrt häufig verwendeter feststehender Begriff, der vielleicht mit „Situationswahrnehmung" am besten übersetzt ist.

„Situationswahrnehmung" kann selbstverständlich auch außerhalb der Luftfahrt als eine der zentralen Qualifikationen verstanden werden, die sich nicht nur auf technische sondern auch auf wirtschaftliche und beziehungsdynamische Belange bezieht. *Situational awareness* bietet eine begriffliche Fassung, dessen

---

[14] Vgl. Stokes und Whalen (2010).
[15] Surgeon General of the United States Army, https://www.army.mil/ARMYMEDICINE .
[16] Vgl. Koshes et al. (1995).
[17] Historical Department, Israeli Defence Forces, https://www.idf.il .
[18] Standardisiert in ICISF, vgl. https://www.icisf.org, Shalev (1991).

vieldeutige Verwendung auch durch die Gesprächspartner von wissenschaftlich-rekonstruktiven Fallanalysen gedeckt ist. Der Transfer, dass *situational awareness* nicht nur in der beruflichen-, sondern auch in persönlicher Lage eine wesentliche Voraussetzung zur Rückgewinnung der Kontrolle darstellt, dürfte kaum jemandem schwer fallen. Damit wäre ein wesentlicher Zugang zur Inanspruchnahme eines situationsbewussten CISM-Angebotes geleistet.

Eine kritische Würdigung verlangt wahrscheinlich die Frage nach der Situationswahrnehmung bzgl. der Infiltration von Arbeitsthemen in das Privatleben. Die von Trompenaars/Hampden-Turner in ihrem 1997 bahnbrechenden Werk *Riding the Waves of Culture* gestellte Frage „*How far do we get involved?*"[19] ist nicht nur unter *diversity*-Gesichtspunkten differenziert zu beantworten, sondern wird bei der Bewertung von Copingstrategien erneut vor die Ambivalenz von Leistungsfähigkeit und -der Grenze privater Ressourcen gestellt: Über 80 % der aktuell Antwortenden bewerten die Frage nach der Involvierung von Privatkontakten in berufliche Belastungssituationen positiv, 6,3 % zeigten sich unentschieden und nur 9,7 % sprechen sich gegen sie aus. Der FACIQ[20] bietet an dieser Stelle einen wesentlichen Hinweis nicht nur für die Nutzung des CISM-*teachings*, sondern auch zur differenzierten Abgrenzung zwischen CISM- und non-CISM-Themen. Auch im Managementbereich ist diese Zuordnung durch ein J.D. Rockefeller zugeschriebenes *dictum* „*Friendship based on a deal is better than a deal based on friendship*" längst problematisiert. Querverbindung zum „Gesundheitsmanagement in Unternehmen" (Ulrich & Wülser, 2004, 2015) sind offensichtlich. Weniger selbstverständlich erscheint, dass CISM einen wesentlichen Beitrag dazu leisten kann.

3.3 Mut zur Delegation („*Forwarding and Cooperation*")

Die vielfach aufgezeigten *links* zu verschiedensten Fachdisziplinen und alternativen Beratungsformaten erweisen die Notwendigkeit zur Kooperation – auch mit bisweilen unkonventionellen Partnerorganisationen. Ein Fortschritt in der Begleitung von *incident*-Betroffenen wird nur zu erreichen sein, wenn trotz erkennbarer Konkurrenz auf dem Beratungsmarkt von allen beteiligten Akteuren ein angemessenes „Grenzmanagement" betrieben wird. Das setzt voraus, dass sowohl

---

[19] Vgl. Trompenaars und Hampden-Turner (1993, 2003: 299).
[20] Vgl. Abschn. 2.15: „*Factors of CISM Questionaire*" (FACIQ).

organisationelle wie auch individuelle Akteure ein Bild von innerer Identität und äußeren Kooperationspartnern haben.

„Als System lässt sich ... alles bezeichnen, worauf man die Unterscheidung „innen" und „außen" anwenden kann. ... [Auch wenn] Sozialsysteme nicht aus konkreten Personen mit Leib und Seele sondern aus konkreten Handlungen ... [bestehen, sind] Personen ... – sozialwissenschaftlich gesehen – Aktionssysteme eigener Art" (Luhmann, 1972: 23 f.). Schon in systemtheoretischer Perspektive wurden sowohl individuelle als auch organisationale Systeme als Ganzheiten angenommen, deren Elemente auf spezifische Weise miteinander wechselwirken.[21] Dieser Ansatz stellt damit ein Selbstorganisationskonzept zur Verfügung, in dem bekannten Elementen in neuartiger Kombination unbekannte, nicht vorhersehbare Effekte zugestanden werden.[22] Dennoch stehen diese Systeme im Verdacht, sich lediglich im Rahmen ihres internen Operationsmodus „selbstreferentiell"[23] zu bewegen mit dem Ziel, sich selbst zu erhalten[24]. Die Gefahr von selbst erfüllenden Prophezeiungen ist dabei nicht zu unterschätzen[25] – was durch die Erfahrungen der Ratsuchenden, sich aus bestimmten persönlichen Problemlagen befreien zu wollen, gleichzeitig jedoch Alltagssituationen zu konstellieren,

---

[21] „Das Ganze ist mehr als die Summe seiner Teile". Dabei handelt es sich um ein Sprachspiel im Sinne einer Übersummativität oder *Gestaltqualität* der Gesamtheit. Dies beschreibt einen Gedanken aus der *Gestalttheorie* und dessen Vordenker Christian von Ehrenfels (vgl. Ehrenfels, 1890) in Anlehnung an das (übrigens verkürzte) aristotelische *dictum*. Im Original: „Das, was aus Bestandteilen so zusammengesetzt ist, dass es ein einheitliches Ganzes bildet ... , das ist offenbar mehr als bloß die Summe seiner Bestandteile. Eine Silbe ist nicht die Summe ihrer Laute: ba ist nicht dasselbe wie b plus a ... ." Metaphysik VII 17, 1041b, Aristoteles (2009).

[22] Insofern ist „das Ganze (Neue) weniger als die Summe seiner Teile, weil ... von jedem »Teil« nur bestimmte Charakteristika – und nicht das Insgesamt seiner Potenziale ... genutzt wird" (Neuberger, 2002: 625).

[23] „Selbstreferenz geht ... vom Konzept *operational geschlossener* ... Systeme aus, die sich nur mit sich selbst beschäftigen" (Neuberger, 2002: 626). „Es gibt weder Input ... noch Output von Einheiten aus dem System. ... Das heißt nicht, dass keine Beziehungen zur Umwelt bestehen, aber diese Beziehungen liegen auf einer anderen Realitätsebene ..." (Luhmann, 1984: 403).

[24] Der Begriff „Selbsterhaltung", auch „Autopoiese" (aus griech. „αὐτός" = „selbst" und „ποιεῖν" = „schaffen") ist aus der Zellbiologie übernommen und rekurriert auf die Eigenschaft von Zellen, Energie und Materie nicht einfach übernehmen zu können, sondern sie sich nach ihren eigenen Regeln inkorporieren zu müssen. „Als autopoietisch wollen wir Systeme bezeichnen, die die Elemente, aus denen sie bestehen, durch die Elemente, aus denen sie nicht bestehen, selbst produzieren und reproduzieren" (Luhmann, 1984: 403).

[25] Das Phänomen der *self-fulfilling-prophecy* ist in der Managementliteratur vielfach beschrieben (u. a. Argyris & Schön, 2002; Mc Gregor, 1970).

die das eigentlich zu Vermeidende gerade provozieren, immer wieder bestätigt wird.

Um hier Fortschritte zu erreichen, erscheint ein kontrolliertes Überschreiten der Systemgrenzen angezeigt, das sich z. B. im Brückenbau zu weiteren Beratungsformaten oder anderen -ansätzen niederschlagen würde. Werden z. B. in der CISM-Begleitung Themen erkennbar werden, die den *incident*-Zusammenhang übersteigen, ist eine Delegation zu (psycho-)therapeutischer Interventionen, aber auch zur Mediation im Konfliktfall, zur Trauerbegleitung im Fall von Abschiedsprozessen, zu Sinnsuche-Gesprächen[26] etc. indiziert.

3.4 Sicherheit auch für Wissen („Enterprise knowledge management")

Für das Thema „Sicherheit" gilt eine ähnliche Mehrdeutigkeit wie für die vorangehend besprochenen Themenfelder Deeskalation und Situationsbewusstsein. Sicherheit ist nicht nur für die von *incidents* Betroffenen notwendig und für den Umgang mit den von ihnen im Beratungsgespräch preisgegebenen Informationen, Sicherheit müsste auch für das fachliche und organisationelle Wissen aus dem Beratungsprozess gewährleistet sein. „Es ist ein [organisationberaterisches] Standardargument ..., dass Unterschiede zu machen sind zwischen Zeichen, Daten, Informationen, Wissen und Sinn" (Neuberger, 1995: 268). Ergebnisse aus CISM-Begleitungen generieren Wissen und Sinnkontexte, die nicht nur für den oder die Betroffene, sondern auch für die involvierten Organisationen von hoher Bedeutung sein können. Debriefing-Formen als Element „organisationalen Wissensmanagements"[27] ist ein Wirkungsbereich, der gerade erst im Begriff ist, Gegenstand der Forschung zu werden. Dabei zeichnen sich erste Ergebnisse für die Bereiche *team quality* im Kontext von Sicherheitskultur ab, innerhalb derer bedeutsame Dimensionen identifiziert werden können: Management von sicherheitsrelevanten Situationen, Teamfindung in Sicherheitsfragen, Auswirkungen auf die [erlebte] Qualität von Sicherheit: *„These results indicate an important role of team quality in the safety culture context regardless of the industrial field."* (vgl.

---

[26] Vgl. die weltanschauliche Fundierung in der Ausbildung von Einsatzkräften und *sky marshalls* der Bundespolizei nach der Existenzanalyse Viktor Fankls.

[27] Wissensmanagement ist der Oberbegriff für vielfältige strategische, operative und interpretatorische Initiativen und Managementaufgaben, die einen möglichst optimalen Umgang mit Wissen (nicht Daten und Informationen!) zum Ziel haben, vgl. Nonaka und Takeuchi (1995), Pawlovsky und Reinhard (1996:148 ff.), Rehäuser und Krcmar (1997: 19 ff.), Staehle et al. (1999: 920 f.), Roehl (2000) und Nohr (2004); u. v. a. m.

Harfmann, 2016: 28 ff.). Ähnlich wie beim Wissensmanagement allgemein, wird auch bei der Überlegung, wie das Wissen um die Bewältigung hochindividueller Fallkonstellationen „die Herausforderung darin bestehen, die Beiträge ... zu einer integrierten Gesamtleistung zusammenzuführen ... (Neuberger, 1995: 197). CISM könnte als Wissensspeicher und Netzwerker ein „ ... Könner im Aufsperren von Türen zu anderen Räumen ..." (a. a. O.) werden. Dabei könnte z. B. Routiniertes „bewusstseinsfähig ... [und] bei Bedarf re-konstruiert werden" (Neuberger, 1995: 268). Für eine solche „typische «Nachträglichkeit» von Bewusstheit" würde CISM allein qua Existenz institutionell Partei ergreifen und ein entsprechendes Signal in die Institution senden[28]. Im Management gilt es ein Bewusstsein dafür zu entwickeln, dass solche organisationalen Delegationsprozesse von eminenter Bedeutung sind und dass CISM dazu einen konstitutiven Beitrag leisten kann. Der renommierte Organisationsforscher Karl Weick hat für diese Herausforderung den treffenden Begriff der „retrospektiven Sinngebung" geprägt (vgl. Weick, 1995)[29]. Ein solches Vorgehen wird manchem contraindiziert erscheinen, weil es möglicherweise Störpotential beinhaltet. In der Bilanz jedoch wird von einem Anwachsen von Flexibilität und Manövrierbarkeit sowohl der Individuen als auch ganzer Organisationseinheiten berichtet.

3.5 Gender: Anspruch und Chance („Equity and Equality")

Ähnliche Ergebnisse legen sich im Blick auf die Genderfrage nahe. Ein fortbestehender Segregationsdruck[30] mit seinem *class ceiling effect* muss an dieser Stelle nicht erneut beklagt werden. Darüber hinaus ist klar, dass ein „ ... Vordringen partnerschaftlicher und egalitärer Haltungen auch im Zusammenhang mit der Veränderung der Geschlechterrolle" (vgl. Schumm-Garling et al., 1995; Krell, 2011) von vielen als „massiv[e] Werteveränderung" verstanden und als Beeinträchtigung der „psychische[n] Stabilität des Individuums" erlebt wird (Rokeach, 1973: 25). Sicherlich wäre der Wandel in Richtung Geschlechtergerechtigkeit zügiger,

---

[28] Nicht zufällig heißt das äquivalente Gliederungsmodell der Israel Defence Forces „*Historical* Event Reconstruction Debriefing". Vgl. Abschn. 2.1.

[29] Für den Erfahrungshintergrund gibt es sowohl Redensarten des Volksmundes „Hinterher ist man immer schlauer", als auch Zitate aus berufenem Munde: „Die Vorsicht ist einfach, die Hinterdreinsicht vielfach." Goethe (1855: 175).

[30] Segregation bezeichnet in der Soziologie den Entmischungsprozess bestimmter Bevölkerungsgruppen: nach z. B. Status, Volksgruppenzugehörigkeitsgefühl – und eben auch Geschlecht. Aus lat. „*segrego*" = „trennen", „absondern", „ausschließen".

als in den vergangenen 50 Jahren beobachtbar, wünschenswert gewesen: „Die gläserne Decke behindert, wo so sie existiert, nicht nur Individuen, sondern die Gesellschaft als Ganze. Sie beschneidet effektiv unseren Pool potentieller [Führungskräfte], indem sie über die Hälfte der Population eliminiert" (Martin, 1991: 2)[31]. Die Beschreibung eines dreifachen Dilemmas (Gleichheit[32], Differenz[33], Dekonstruktion[34]) verdeutlicht Schwierigkeit und Begrenztheit mannigfaltiger *equality*-Programme[35] trotz Aussicht auf damit verbundener Wettbewerbsvorteile (Krell, 2008).

Auch wenn *Critical Incident Stress Management* nicht mit dem Ziel angetreten ist, Geschlechternivellierung voranzutreiben, so zeigen Studienergebnisse dennoch, dass auch im Zusammenhang kritischer Zwischenfälle und deren Verarbeitung das Genderthema virulent ist. Fragebogenstudien wecken Hoffnung auf eine weitere, wenn auch zunächst nicht intendierte Gendernivellierung im Sinne eine „Schicksalsgemeinschaft der *incident*-Betroffenen" – unabhängig von ihrer Geschlechterzugehörigkeit[36]. Die gegenwärtig beobachtbare Ambivalenz

---

[31] Lynn Morley Martin war von 07.02.1991 bis 20.01.1993 US-Arbeitsministerin. Zur Differenz zwischen dem Erkennen und dem daraus resultierender Handeln ist bereits von Friedrich Nietzsche ein *dictum* unter Verwendung des gleichen Bildes überliefert: „Verwunderung über Widerstand. Weil etwas für uns durchsichtig geworden ist, meinen wir, es könne uns nunmehr keinen Widerstand mehr leisten, – und sind dann erstaunt, dass wir hindurchsehen und doch nicht hindurchkönnen! Es ist dieselbe Thorheit und dasselbe Erstaunen, in welches die Fliege vor jedem Glasfenster geräth" (vgl. Nietzsche, 1906).

[32] „Gleichbehandlung von Ungleichen schreibt Ungleichheit fort. Gleichheit *vor* dem Gesetz ist überdies nicht Gleichheit *nach* dem Gesetz. Rechts*ansprüche* sind nicht Rechts*wirklichkeit* (Neuberger, 2002: 809, Hervorh. d.d. Autor).

[33] Differenzierung mündet in die „Fortschreibung und Verstärkung des Stigmas der Abweichung" (Knapp, 2011: 73). Bei der Definition der Frau(enrolle) „anders als die Männerrolle", verbleibt die männliche als die Bezugsnorm.

[34] Dekonstruktion wird hier verstanden als der Nachweis einer Gendernormierung nicht erst in sekundärer Interpretation, sondern in originärer Textimmanenz. Jeder Mensch muss seinem Dasein einen eigenen Sinn zuschreiben. Jede Frau muss sich ihre (weibliche) Identität selbst erarbeiten, kollektive Hermeneutik scheitert. Allerdings: Allein individuelle Präsenz scheitert ebenso an männlicher Übermacht und an der Beharrlichkeit gesellschaftlicher Praktiken und Institutionen (vgl. Knapp, 2009: 48).

[35] Fußend auf den zentralen Hypothesen des us-amerikanischen Soziologen George Hohmans (vgl. Homans, 1958, 1961, 1968; Staehle et al., 1999: 871 f.).

[36] Der These „Männliche Kollegen sollten insbesondere lernen, mit ihren Gefühlen (besser) umzugehen" wird entschiedener von männlicher (77,21 %) als von weiblichen Seite (69,29 %) widersprochen. Ähnlich widersprechen etwa zwei Drittel aller Befragten (67,49 %) der Ansicht, dass CISM gerade für weibliche Kolleginnen eine passendere/ geeignetere *(„more appropriate")* Arbeitsmethode sei, belastenden Ereignissen zu begegnen.

im Themenfeld, die von den einen als Reaktanz abgetan[37], von den anderen hoch-intrinsisch gewertet wird[38] öffnet sehr viele Räume, Geschlechtergerechtigkeit voranzutreiben und somit dem Ideal der Gender-Universalität[39] näher zu kommen.

3.6 Gemeinsame Verantwortung („Bringing forward Perceived Support")

Bei der Durchsicht jüngerer Literatur über „Personalwesen ... und Arbeitsbeziehungen lässt [sich] ein [...] drastischer Wandel der Perspektive erkennen. ... Personalarbeit ... ist eine genuine Managementaufgabe geworden" (vgl. Staehle et al., 1999: 777). „Die Personalpflege zielt darauf ab, allen Mitarbeitern auf dem Wege der Gesunderhaltung, Arbeitszufriedenheit und Corporate Identity eine gute Leistungsfähigkeit und Beanspruchbarkeit bei zugleich angemessenen Belastungen ... und möglichst geringen gesundheitsschädlichen Einflüssen zu vermitteln" (Jung, 2006: 625). Um Mitarbeitende effektiv und nachhaltig einzusetzen, rücken u. a. auch deren Ressourcen[40] und Unterstützungsmöglichkeiten für persönliches Konfliktmanagement[41] ins Zentrum des Interesses. Dabei ist es erstaunlich, dass ein Postulat aus der qualitativen Forschung (Thomastheorem[42]) mit den Ergebnissen der (quantitativen) Befragungsergebnissen belegbar ist. Die persönliche Bewertung lässt schon bald Theoretisches oder Imaginäres in soziale und betriebswirtschaftliche Realität gerinnen.

---

[37] „... Männer gestehen ein, nun mehr Gefühle zu zeigen: „ ... *it is now politically correct to do so.*" (Trompenaars & Hampden-Turner, 1993, 2003: 223)".

[38] Vgl. Eccard (2004 :135); insges.: 135-152.

[39] Vgl. Eccard (2004: 259).

[40] Vgl. die umfangreiche Literatur zu Human Ressource Management (HRM), z. B. Weber & Weinmann, 1989; Schreyögg, 1991; Wunderer & Schlangenhaufer, 1992; Ackermann, 1994 u. v. a. m.

[41] Vgl. Blake et al. (1964), Kriesberg (1973), Brown (1983) und Glasl (2004) u. v. a. m.

[42] Nach dem sgg. Thomastheorem richten Individuen ihr Verhalten an der Interpretation einer Situation aus und nicht an der „Objektivität" einer Situation an sich. Ohne eine Interpretation, so die Grundlage dieses Wissenschaftsmodells, können daher die Verhaltensweisen und Handlungskonsequenzen nicht zuverlässig verstanden werden. Wörtlich: *„If men define situations as real, they are real in their consequences"* (Thomas & Thomas, 1928, 1970: 528).

Mit Blick auf die Unterstützung durch ein CISM-System zeigte sich die Differenzierung zwischen *subjektiv gefühlter* Hilfe und *objektiv geleisteter* Hilfestellung von eminent hoher Bedeutung. Aus den Ergebnissen lässt sich eine doppelte Wirkung des CISM-Unterstützungssystems konstatieren: Nicht nur die *incident*-Betroffenen, die eine konkrete Beratungsleistung in Anspruch nehmen erfahren *support*, sondern ebenso die gesamte Mitarbeiterschaft, indem sie sich jederzeit eines persönlichen Gesprächs*backups* gewiss sein kann. Mögliche Zwischenfälle bekommen auf diese Weise eine deutlich weniger bedrohliche Bewertung[43].

Ein damit verbundener betriebswirtschaftlicher Nutzen kann kaum hoch genug eingeschätzt werden: Bereits die passive Bereitstellung eines Unterstützungsangebotes wirkt aktiv Belastungsreaktionen entgegen[44].

Darüber hinaus ist der *Organisational Support Theory* (Eisenberger et al., 2002) folgend eine signifikante Verbesserung der wechselseitigen Beziehung zwischen Individuum und Organisation mit den damit verbundenen Steigerungen in Motivation und Leistung zu erwarten[45]: „Die Einrichtung von [... Beratungsangeboten] im Unternehmen kann sowohl für den Mitarbeiter als auch für das Unternehmen von Vorteil sein" (Jung, 2006: 631). Allein die wahrgenommene Unterstützung (ohne deren tatsächliche Inanspruchnahme) wird als Leistung einer Organisation erlebt, ihre Mitglieder zur aktiven Beteiligung zu motivieren.

Bilanzierend muss der Aspekt des *perceived supports* sowohl a) als Management- und Steuerungsinstrument, als auch b) zur individuellen Belastungsreduzierung, als auch c) im Sinne eines kostensenkendes Wirtschaftsfaktors als unterschätzt eingestuft werden. Um Personalmanagement umfassend zu begreifen, ist die Bereitstellung eines implementierten Debriefingsystems dringend indiziert.

---

[43] Gestützt wird diese These bereits seit Mitte der 1980er Jahre, in dem die wahrgenommene Unterstützung subjektiv wichtiger eingestuft wird als eine persönlich tatsächlich erhaltene Unterstützungsleistung (vgl. Kessler, 1986).

[44] Der Transfer vom *perceived support* zum *perceived control* sorgte dabei lediglich für eine weitere Untermauerung der angeführten These:
Das subjektive Gefühl, eine Belastung oder auch ein Belastungsniveau kontrollieren zu können, sorgt bereits für eine signifikant höhere Belastungstoleranz (vgl. Glass & Singer, 1972).

[45] Folgerichtig wird an dieser Stelle organisationale Unterstützung standardisiert mit dem *terminus technicus Perceived Organisational Support* (POS) bezeichnet.

3.7 Nicht alles war früher schlecht („Normalisation and Tradition")

„Es gehört mittlerweile zu einer der bestgepflegten Vermutungen im Management, dass das Umfeld von Unternehmen, Verwaltungen und Verbänden in der Vergangenheit durch Stabilität geprägt war" (Kühl, 2000: 25). Es bleibt jedoch bei der Vermutung. Diese Einsicht trifft nicht nur auf Organisationen, sondern auch auf Einzelindividuen zu. Auch für Einzelpersonen gilt, dass der biographische Verlauf früher wie heute durch vielerlei Formen von Instabilitäten geprägt war und ist. Bei allem Engagement für eine gute institutionalisierte Rahmung zur Nachbesprechung von kritischen Ereignissen bleibt im Auge zu behalten, dass Betroffene immer schon individuell und kreativ Wege zur Verarbeitung bedrohlicher Situationen gefunden haben. Ein Anteil von ca. 80 % Betroffenen, die den von ihnen durchlebten *incident* ohne weitere Unterstützung bewältigen, spricht für sich[46]. Darüber hinaus hat die *social support*-Forschung in den vergangenen zwanzig Jahren Wirkmechanismen identifiziert, die in den diesem Buch zugrunde liegenden Forschungen ihre Entsprechungen finden: Menschen, die ein hohes Maß an sozialer Unterstützung wahrnehmen, beschreiben auch ein höheres Maß an Wohlbefinden und Gesundheit als ihre Mitmenschen mit weniger *social support* (vgl. Knoll & Schwarzer, 2005). Bereits 1985 vertraten Cohen & Wills die These, dass sozial gut unterstütze Personen generell zufriedener lebten und Belastungen besser gewachsen seien[47] (vgl. Cohen & Wills, 1985; Wills, 1991). Diese Idee wurde durch Farmer & Sundberg dahingehend differenziert, dass Menschen mit stärkerem sozialem Netzwerk einen Puffer entwickelten, der sie im Bedarfsfalle resistenter gegen Stressreaktionen nach belastenden Ereignissen mache[48] (vgl. Farmer & Sundberg, 2010).

Insofern wird ein CISM-Angebot im Rahmen seiner *social support*-Funktion einzuordnen sein und gleichzeitig seine Relativierung finden. Die Befunde der FACIQ-Auswertung im Blick auf Kontaktoptionen mit den Hinweisen auf beziehungsorientierte Auswahlkriterien, die tendenziell auf Distanz zu professionellen Unterstützungsangeboten gehen, weisen in diese Richtung. Die Implementierung eines CISM-Unterstützungssystems in einer Organisation wird infolgedessen am besten nach einer fundierten Evaluation bereits bestehender Copingmechanismen

---

[46] Vgl. Statistiken der Stiftung Mayday.
[47] Sgg. Haupteffekt-Hypothese *(Direct Effects Hypothesis)* – gestützt durch die Ergebnisse der Berliner Social Support Skalen (BSSS) aus dem Jahre 2003 (vgl. Schwarzer & Schulz, 2003).
[48] Sgg. Puffer-Hypothese *(Buffering Hypothesis)*.

gelingen. Einerseits kann das Stresserleben zunehmen, wenn eine andere Art von Unterstützung bereitgestellt wird, als die erwünschte[49], andererseits sind in den Leitbildern der „lernenden Organisation"[50] und den darin transportierten Mythen vom causal steuerbaren Wandel viele Vorstellungen unhinterfragt übernommen worden[51], die vermeintlich unproduktive Räume wegrationalisiert haben. Deren Rückerlangung muss bisweilen später kostspielig und aufwendig wiedererarbeitet werden. So gilt eine antike Weisheit auch für die Implementierung von CISM: „Prüft alles und behaltet das Gute"[52].

3.8 Evaluation und Evolution *("Development indispensable")*

„In den letzten Jahren hat der Wirkungsbegriff zunehmend an Bedeutung gewonnen. In dem Bestreben, die Qualität in ... Organisationen ... zu erhöhen, wird ein wirkungsorientiertes Management angestrebt ..." (Stockmann, 2006: 7). Vor diesem Hintergrund wurde versucht, auf vielfältige Weise, der Wirkung von *Critical Incident Stress Management* auf die Spur zu kommen. Wie in allen Bereichen von Wirtschaft und Verwaltung gerät auch das CISM durch begrenzte Anschlussfähigkeiten von humanistischer Orientierung und ökonomischer Logik unter Druck, seine Wirksamkeit unter Beweis zu stellen. Somit wird es gerade deshalb auch im Bereich CISM nicht ohne ständige Weiterentwicklung gehen. Dabei wird man im Blick behalten müssen, dass die Konsequenzen aus regelmäßiger Evaluation nicht ausschließlich systemimmanent gezogen werden dürfen. „Sind erfolgreiche Regeln und Routinen erst einmal etabliert, dann besteht in Organisationen eine Tendenz, Effizienzsteigerung durch Verfeinerung der bestehenden Routinen zu erreichen" (Kühl, 2000: 147). Der Idealtypus einer „fraktalen Organisation", in der eine Grundform ähnlicher Strukturen sich selbst herausbildend in allen Einheiten wiederzufinden ist, wird wirkliche Weiterentwicklung verhindern (Kühl, 2000: 132). So wird es – um nachhaltige Wirkung zu erzielen – um eine richtige Balance zwischen Feldimmanenz und Felddistanz gehen müssen. Sowohl für die Evaluation eines einzelnen Beratungskontaktes als auch für die der organisationalen Implementierung sind bereits Instrumentarien erarbeitet und ihrerseits evaluiert worden (Richstein, 2025a: 255–273).

---

[49] Vgl. hierzu die Forschungen von Thoits (1986) sowie die Ergebnisse des FACIQ, Abschn. 2.15 speziell das *item „alternate settings"*.
[50] Vgl. Ulich und Wülser (2012: 116–127).
[51] Frei nach Kühl (2000: 18).
[52] Im Original: „... πάντα δὲ δοκιμάζετε, τὸ καλὸν κατέχετε." 1Thess 5, 21.

Fazit 4

Die in diesem Buch vorgestellte Weiterentwicklung einer CISM-Evaluation prädestiniert sie für den Einsatz in Organisationen, die CISM als ein leistungs- und wirkungsorientiertes Instrument betreiben wollen. Die vorgestellten Instrumente eignen sich vor allem für die Steuerung von Unternehmensanteilen, deren „hohe gesellschaftliche Verantwortung nicht nur an den intendierten, sondern auch an den nicht-intendierte Folgen ihres ... Handelns" (Stockmann, 2006: 302 f.) im öffentlichen Raum erkennbar werden. Sowohl das Management des *critical incident stress* als auch das einer CISM-Organisation wird dabei nicht frei von Widersprüchen bleiben. „Ein erstklassiger Geist [jedoch] zeichnet sich dadurch aus, dass er in der Lage ist, zwei gegensätzliche Ideen in seinem Kopf auszuhalten und trotzdem noch zu funktionieren."[1] (Francis Scott Fitzgerald)

---

[1] Nach dem bekannten *dictum* Fitzgeralds „The best mind, however, is characterized by being able to keep two opposing ideas in its head – while still working" (Fitzgerald, 1926: 39).

Was Sie aus diesem *essential* mitnehmen können

- Allen ist inzwischen klar, dass «Stress» eine positiv-leistungsanregende, aber auch eine negativ-erschöpfende Seite hat.
- Das Buch konzentriert sich auf die Unterstützungsmöglichkeiten für Menschen, die von der schwierigen, kraftraubenden Seite des Stresses betroffen sind.
- Anlass dazu können u. a. belastende Ereignisse, sgg. *critical incidents* sein sowohl im privaten wie im beruflichen Alltag sein.
- Das Buch zeigt auf, wie Betroffene sich verhalten können, um die Belastung aus eigener Kraft zu überwinden.
- Es gibt darüber hinaus Anregungen für Führungsrollen, Arbeitgeber, Personalwirtschaftler und Geschäftsführungen was sie für betroffene Mitarbeiter tun können, um Resilienz und Arbeitskraft zu erhalten sowie die Motivation zu steigern.
- Denn aus einer schwierigen Situation gestärkt hervorzugehen, liegt im Interesse sowohl der Institution als auch der Einzelperson.

Literatur

Ackermann, K.-F. (1994). *Reorganisation der Personalabteilung.*
Argyris, C., Schön, D. A. (2002). *Die lernende Organisation.* Klett-Cotta.
Aristoteles. (2009). *Metaphysik* (Bd. 4). Felix Meiner.
Armstrong, K., O'Callahan, W., & Marmar, C. R. (1991). Debriefing Red Cross personnel: The multiple stressor debriefing model. *Journal of traumatic stress, 4,* 581–593.
Balint, M. (1959, 1999). *Angstlust und Regression (Thrills and Regression)* (K. Wolff, Trans. Bd. 5). Klett-Cotta.
Beck, T., Kratzer, D., & Mitmannsgruber, H. (2007). Die Debriefing Debatte – Fragen nach der Wirksamkeit. *Zeitschrift für Psychotraumatologie, Psychotherapiewissenschaft und Psychologische Medizin, 5,* 9–20.
Bengel, J., & Landji, Z. (1996). Posttraumatische Belastungsreaktionen. In J. Bengel (Hrsg.), *Psychologie in Notfallmedizin und Rettungsdienst* (S. 57–65). Springer.
Blake, R. R., Shepard, H. A., & Mouton, J. S. (1964). *Managing intergroup conflict in industry.* Houston.
Bordow, S., & Porritt, D. (1979). An experimental evaluation of crisis intervention. *Social Science and Medicine, 13,* 251–256.
Brown, L. D. (1983). *Managing conflicts at organisational interfaces.* Addison-Wesley.
Butollo, W., Hagl, M., & Krüsmann, M. (2003). *Kreativität und Destruktion posttraumatischer Bewältigung. Forschungsergebnisse und Thesen zum Leben nach dem Trauma* (Bd. 2). Pfeiffer bei Klett-Cotta.
Caplan, G. (1961). *An approach to community mental health.* Mosby.
Caplan, G. (1964). *Principles of preventive psychiatry.* Basic Books.
Cohen, S., & Wills, T. A. (1985). Stress, social support, and the buffering hypothsis. *Psychological Bulletin, 98*(2), 310–357.
Devilly, G. J., Gist, R., & Cotton, P. (2006). Ready! Fire! Aim! The status of psychological debriefing and therapeutic interventions: in the work place and after disasters. *Review of General Psychology, 10*(4), 318–345.
Donabedian, A. (1985). *Explorations in quality assessment and monitoring.* (Bd. I–III). Ann Arbor Press.
Donabedian, A. (2005). Evaluating physician competence. *Bulletin of World Health Organisation, 83*(4), 857–860.

Dyregov, A. (1997). The process psychological debriefing. *Journal of Traumatic Stress, 10,* 589–604.
Dyregrov, A. (2003). *Psychological debriefing.* Chevron.
Eccard, C. (2004). *Ich bin erst glücklich, wenn ich fliegen kann! Berufliche Orientierung von Pilotinnen.* Ulrike Helmer.
Eckstaedt, A. (1995, 2015). *Die Kunst des Anfangs. Psychoanalytische Erstgespräche* (Bd. 8). Suhrkamp Wissenschaft.
Ehrenfels, C. v. (1890). *Ueber „Gestaltqualitäten"* ([Sonderdruck]. Hrsg.). Reisland.
Eisenberger, R., Huntington, R., Hutchison, S., & Sowa, D. (2002). Perceived organizational support. *Journal of Applied Psychology, 71,* 500–507.
Everly, G. S., & Mitchell, J. T. (2002). *CISM – Stressmanagement nach kritischen Ereignissen* (Bd. 1). Facultas Universitätsverlag.
Everly, G. S. J. (1995). The role of critical incident stress debriefing (CISD) process in desaster counceling. *Journal of Mental Health Counceling, 17,* 278–290.
Everly, G. S. J., & Lating, J. M. (2013). *A clinical guide to the treatment of the human stress response* (3. Aufl.). Springer.
Farmer, R. F., & Sundberg, N. D. (2010). Buffering hypothesis. In I. B. Weiner & E. W. Craighead (Hrsg.), *Corsini encyclopedia of psychology.* Wiley.
Fischer, W. (1978). Struktur und Funktion erzählter Lebensgeschichte. In M. Kohli (Hrsg.), *Soziologie des Lebenslaufes* (S. 311–336). Luchterhand.
Fitzgerald, F. S. (1926). *All the sad young men. Short stories.* Scribners & Sons.
Flannery, R. B. (1998). *The assault Staff Action Programm: Coping with the psychological aftermath of violence.* Shevron.
Freud, A. (1997). *Das Ich und die Abwehrmechanismen.* Fischer-Taschenbuch.
Fröse, M. W. (2005). Management sozialer Organisationen. In M. W. Fröse (Hrsg.). Haupt.
Glasl, F. (2004). *Konfliktmanagement. Ein Handbuch für Führungskräfte, Beraterinnen und Berater* (Bd. 8). Haupt.
Glass, D. C., & Singer, J. E. (1972). *Urban stress: Experiments on noise and social stressors* (Bd. 1). Academic.
Glomp, I. (2015). Schöner Stress. Ein sinnerfülltes Leben ist ein stressreiches Leben. *Psychologie Heute, 08/2015,* 19–25.
Goethe, J. W. v. (1855). *Sprüche in Prosa. Maximen und Reflexionen.* Cotta.
Goleman, D. (2007). *EQ. Emotionale Intelligenz* (F. Griese, Trans. Bd. 19). Dtv.
Hall, S. (1989). *Ideologie, Kultur, Rassismus. Ausgewählte Schriften 1.* Argument.
Hall, S. (1994). *Rassismus und kulturelle Identität. Ausgewählte Schriften 2.* Argument.
Hannemann, M., & Nägele, H. (2014). Scheitern. Über Krisen spricht man nicht gerne. Sie erwischen einen trotzdem. *Brand eins, 11/2014,* 101 ff.
Häntzschel, J., & Fengel, M. (2015). Schönes Scheitern. *Süddeutsche Zeitung. Großformat, 30. Oktober 15.*
Harfmann, J. (2016). *The relationship between systematic debriefing and team quality in the context of safety culture in air traffic management. Thesis for attainment BSc.* Karl-Franzens-Universität.
Hausmann, C. (2010). *Notfallpsychologie und Traumabewältigung* (Bd. 3). Facultas.wuv.
Hesse, J., & Schrader, C. (1998). *Auf einmal nicht mehr weiterwissen. Telefonseelsorge- ein Spiegel unserer Probleme.* Fischer Taschenbuch.

Homans, G. C. (1958). Social behaviour as exchange. *American Journal of Sociology, 63,* 597–606.
Homans, G. C. (1961, 1968). *Social behaviour: Its elementary forms, (dt. Elementarformen sozialen Verhaltens).* Harcourt, Brace and World (Westdeutscher Verlag).
Jung, H. (2006). Personalwirtschaft (Bd. VII). Oldenbourg.
Kallus, W. K. (2010). *Erstellung von Fragebogen.* Facultas.
Kessler, R. C. (1986). *Perceived support, received support, and adjustment to stressful life events.* Harvard Medical School.
Knapp, G.-A. (2009). *Soziale Verortung der Geschlechter* (Bd. 4). Westfälisches Dampfboot.
Knapp, G.-A. (2011). Gleichheit, Differenz, Dekonstruktion: Vom Nutzen theoretischer Ansätze der Frauen- und Geschlechterforschung. In G. Krell (Hrsg.), *Chancengleichheit durch Personalpolitik* (Bd. 6, S. 73–81). Gabler.
Knoll, N., & Schwarzer, R. (2005). Soziale Unterstützung. In R. Schwarzer (Hrsg.), *Enzyklopädie der Psychologie: Gesundheitspsychologie* (S. 333–349). Hogrefe.
Koshes, R. J., Young, S. A., & Stokes, J. W. (1995). *Debriefing following combat.* Dept of the Army.
Krell, G. (2008). Chancengleichheit für alle und auch als Wettbewerbsfaktor. In G. Krell (Hrsg.), *Chancengleichheit durch Personalpolitik. Gleichstellung von Frauen und Männern in Unternehmen und Verwaltungen. rechtliche Regelungen – Problemanalysen – Lösungen* (S. 63–80). Wiesbaden: Gabler.
Krell, G. (2011). Ecksteine, Gleichstellungscontrolling, Verständnis und Verhältnis von Gender und Diversity. In G. Krell, R. Ortlieb & B. Sieben (Hrsg.), *Chancengleichheit durch Personalpolitik* (Bd. 2). Springer.
Kriesberg, L. (1973). *The sociology of social Konflict.* Prentice-Hall.
Kühl, S. (2000). *Das Regenmacher-Phänomen. Widersprüche und Aberglaube im Konzept der lernenden Organisation.* Campus.
Loden, M., & Rosner, J. (1991). *Workforce America!: Managing employee diversity as a vital ressource.* McGRaw Hill.
Luhmann, N. (1972). *Funktionen und Folgen formaler Organisationen.* Dunker & Humblot.
Luhmann, N. (1984). *Soziale Systeme.* Suhrkamp.
Martin, L. M. (1991). *Discrimination still deprives women and minorities of opportunities* (Bd. 8.1). Glass Ceiling Commission Issues.
Mc Gregor, D. (1970). *Der Mensch im Unternehmen.* Econ.
McGrath, J. E. (Hrsg.). (1970). *Social and psychological factors in stress.* Holt, Reinhard & Winston.
Mitchell, J. T., Everly, G. S., & Müller-Lange, J. (2005). *Critical incident stress management – Handbuch Einsatznachsorge : Psychosoziale Unterstützung nach der Mitchell-Methode* (2., völlig neu bearb. und erw. Aufl.). Stumpf & Kossendey.
Nakahama, K. (2016). *Critical incident stress management with aviation personnel in Japan* (Bd. 1). Sigmund Freud Universität.
Neuberger, O. (1995). *Mikropolitik. Über den Aufbau und Einsatz von Macht in Organisationen.* Enke.
Neuberger, O. (2002). *Führen und führen lassen* (Bd. 6). Lucius & Lucius.
Nietzsche, F. (1906). *Menschliches Allzumenschliches I Friedrich Nietzsche´s Werke* (Bd. 3). Naumann.
Nohr, H. (2004). *Wissensmanagement* (Bd. 5). Saur.

Nonaka, I., & Takeuchi, H. (1995). *The knowledge-creating company: How Japanese companies create the dynamics of innovation*. Oxford University Press.
Pawlovsky, P., & Reinhard, R. (1996). Wissensmanagement: Ein integrativer Ansatz zur Gestaltung organisationaler Lernprozesse. In N. Wieselhuber (Hrsg.), *Handbuch Lernende Organisation. Unternehmens- und Mitarbeiterpotentiale erfolgreich erschließen*.
Perren-Klingler, G. (2000a). *Debriefing. Erste Hilfe durch das Wort. Hintergründe und Praxisbeispiele*. Verlag Paul Haupt.
Perren-Klingler, G. (Hrsg.). (2000b). *Gewalterfahrungen und präventive Interventionen* (Bd. 1). Paul Haupt.
Rehäuser, J., & Krcmar, H. (1997). Wissensmanagement im Unternehmen. In G. Scheyögg & P. Conrad (Hrsg.), *Managementforschung* (Bd. 6). Springer.
Revenstorf, D., & Peter, B. (2001). *Hypnose in Psychotherapie, Psychosomatik und Medizin*. Springer.
Richstein, K.-H. (2009). *Blick aus den Wolken. Biografieanalysen von Pilotinnen und Piloten aus dem Bereich der Verkehrsluftfahrt* (Bd. 6). Kassel University Press.
Richstein, K.-H. (2025a). *CISM – Critical Incident Stress Management. Gegenstand – Bedingungen – Wirkungsweise – Evaluation. Qualitative und quantitative Studie zu Wirkmechanismen des CISM* (Bd. 1). Springer Nature.
Richstein, K.-H. (2025b). *CISM – Critical Incident Stress Management. Wie umgehen mit belastenden Situationenen?* (Bd. 1). Springer Nature.
Roehl, H. (2000). *Instrumente der Wissensorganisation. Perspektiven für eine differenzierende Interventionspraxis*. Deutscher Universitäts-Verlag.
Rokeach, M. (1973). *The nature of human values*. Free Press.
Rose, S., Wessely, I. E., & Bisson, J. (2001). *Brief psychological interventions („debriefing") for trauma-related symptoms and prevention of post traumatic stress disorder (Cochrane Review)*. Update software.
Schreyögg, G. (1991). Die internationale Unternehmung im Spannungsfeld von Landeskultur und Unternehmenskultur. In R. Marr (Hrsg.), *Euro-strategisches Personalmanagement. Band 1* (S. 17–42). Mering.
Schumm-Garling, U., Martens, R., & Fischer, U. L. (1995). Modern times für Frauen im management? – Eine Fallstudie zur Frauengleichstellung in einem Warenhauskonzern. In G. Scheyögg & S. J. (Hrsg.), *Managementforschung 5*. Springer.
Schwarzer, R., & Schulz, U. (2003). Soziale Unterstützung bei der Krankheitsbewältigung: Die Berliner Social Support Skalen (BSSS). *Diagnostica, 49*(2), 73–82.
Shalev, A. Y. (1991). *Historical Group Debriefing Following Combat* (Bd. DAMD17-90-z-0045). Hadassa University Hospital.
Shalev, A. Y. (1996). Debriefing following traumatic stress exposure. In R. J. Ursano, B. C. McCaughey, & C. S. Fullerton (Hrsg.), *Individual and community responses to trauma and desaster*. University Press.
Staehle, W. H., Sydow, J., & Conrad, P. (1999). *Management* (Bd. VIII). Vahlen.
Statistisches Bundeamt. (2015). *DESTATIS ׀ Arbeitsmarkt ׀ Erwerbstätigkeit*. Bundesagentur für Arbeit.
Stockmann, R. (2006). *Evaluation und Qualitätsentwicklung. Eine Grundlage für wirkungsorientiertes Qualitätsmanagement*. Waxmann.
Stokes, J. W., & Whalen, R. J. (2010). In defense of after action reviews: The art and science of small unit coping. *Military Review, 90*, 2.

Thoits, P. A. (1986). Social support as coping assistance. *Journal of Consulting and Clinical Psychology, 54,* 416–423. https://doi.org/10.1037/0022-006x.54.4.416.
Thomas, W. I., & Thomas, D. S. (1928, 1970). *The child in America. Behaviour, problems and programms.* Alfred A. Knopf.
Trompenaars, F., & Hampden-Turner, C. (1993, 2003). *Riding the waves of culture. Understanding cultural diversity in business* (Bd. 2). Nicolas Brealay.
Trompenaars, F., & Hampden-Turner, C. (1997, 2003). *Riding the waves of culture. Understanding cultural diversity in business* (Bd. 2). Nicolas Brealey.
Ulich, E., & Wülser, M. (2012). *Gesundheitsmanagement in Unternehmen- Arbeitspsychologische Perspektiven.* Springer Gabler.
Ulrich, E., & Wülser, M. (2004, 2015). *Gesundheitsmanagement in Unternehmen. Arbeitspsychologische Perspektiven* (Bd. 6). Springer Gabler.
van Emmerik, A. A., Kamphuis, J. H., Hulsbosch, A. M., & Emmelkamp, P. M. (2002). Single session debriefing after psychological trauma: A meta analysis. *Lancet, 360,* 766–771.
Weber, W., & Weinmann, J. (1989). *Strategisches Personalmanagement.* C.E. Poschel.
Weick, K. E. (1995). *Sensemaking in organizations. Foundations for organizational science.* Sage.
Wills, T. A. (1991). Social support and interpersonal relationships: Prosocial behavior. *Review of Personality and Social Psychology (PSPR), 12,* 265–289.
Wunderer, R., & Schlangenhaufer, P. (1992). Die Personalabteilung als Wertschöpfungs-Center. *Zeitschrift für Personalforschung (German Journal of Research in Human Resource Management), 6,* 180–187.
Zimbardo, P. G. (1983). *Psychologie.* Springer.
Zoellner, T., & Maercker, A. (2006). Posttraumatic growth and psychotherapy. In L. Calhoun & R. Tedeschi (Hrsg.), *Handbook of posttraumatic growth: Research and practice.* Erlbaum.

If you have any concerns about our products,
you can contact us on
ProductSafety@springernature.com

In case Publisher is established outside the EU,
the EU authorized representative is:
**Springer Nature Customer Service Center GmbH
Europaplatz 3, 69115 Heidelberg, Germany**

Printed by Libri Plureos GmbH
in Hamburg, Germany